Am Anfang war die Erde

Aldo Leopold

Am Anfang war die Erde

›Sand County Almanac‹

Plädoyer zur Umwelt-Ethik

Mit einer Einführung von
Horst Stern

Mit Bildern von
Robert Bateman

KNESEBECK

Die Firma Carl Zeiss, Produktbereich Ferngläser, hat die Herausgabe dieses Buches in dankenswerter Weise gefördert – in Übereinstimmung mit dem Gedanken Aldo Leopolds, daß Bemühungen zur Erhaltung der Natur nur im Miteinander aller erfolgreich sein können.

Aus dem Englischen übersetzt
von Elisabeth M. Walther
Redaktionelle Mitarbeit: Till Meyer

In der englischen Originalausgabe erschienen
als Teil I und Teil III von
A Sand County Almanac
© 1949, 1977 by Oxford University Press Inc.
Abbildungen © Robert Bateman

CIP-Titelaufnahme der Deutschen Bibliothek
Leopold, Aldo
Am Anfang war die Erde: Plädoyer zur Umweltethik, A Sand County Almanac / Aldo Leopold. Mit einer Einführung von Horst Stern. Aus dem Englischen von Elisabeth M. Walther. – München: Knesebeck, 1992
ISBN 3-926901-54-3

© 1992 by von dem Knesebeck GmbH & Co.
Verlags KG, München
Gestaltung: Zembsch' Werkstatt, München
Frontispiz © Tom Coleman
Foto S. 191 © Paul Judson/MacGregor Studios
Satz: Utesch Satztechnik, Hamburg
Repro: Penta Repro, München
Druck und Bindung: Pustet, Regensburg
Printed in Germany

To my Estella

Inhalt

Teil II: **Essays zur Ethik der Natur**

Anhang

Land ist nicht nur Boden; es ist
eine Quelle der Energie, die
durch einen Kreislauf von Böden, Pflanzen
und Tieren fließt.

Gute Gedanken sind oft ihrer Zeit weit voraus. Anders ist es wohl nicht zu verstehen, daß ein Verleger nach dem anderen das Manuskript des vorliegenden Buches wieder in den Umschlag steckte und zurück an den Autor gehen ließ. Bis endlich Oxford University Press am 14. April 1948 einer Drucklegung zustimmte. Aldo Leopold selbst erlebte das Erscheinen des schlanken grünen Büchleins *A Sand County Almanac* nicht mehr; er starb im selben Jahr an einem Herzinfarkt, als er auf einer benachbarten Farm half, ein Großfeuer zu löschen.

Noch Anfang der sechziger Jahre waren erst knapp 20 000 Exemplare verkauft. Heute ist *A Sand County Almanac* ein Kultbuch; es ist in japanischer Sprache zu haben, auf chinesisch oder auf russisch – bisher wurden bereits über zwei Millionen Exemplare aufgelegt.

Der Philosoph und Umwelt-Ethiker Baird Callicot bezeichnete *A Sand County Almanac* als »ökozentrisches Manifest« und den »Schuppen«, wie Aldo Leopold den zum Landaufenthalt umgebauten Hühnerstall einer desolaten Farm in Wisconsin liebevoll nannte, als »erstes Bollwerk gegen die christlich-kolumbianische Weltanschauung«. In diesem Schuppen hat Leopold in der ihm eigenen knappen Prosa die vorliegenden Essays zu Papier gebracht. Sein heutiger Ruhm gründet sich im wesentlichen auf einen Beitrag von nicht mehr als 25 Seiten am Ende des Buches, frei von allen Zitaten und wissenschaftlichen Belegen, bestechend durch seine Logik und Originalität. Unter dem Titel »The Land Ethik« durchbrach Leopold als erster die Grenzen der heute noch vorherrschenden Ausbeutermoral, wonach der Mensch die Umwelt als seinen Steinbruch betrachtet und sich nach Belieben bedient. Leopold beschrieb in zwingenden Gedanken die notwendige Erweiterung unserer Verantwortung für die außermenschliche Natur. »Ende der Anmaßung!« war seine Botschaft, ein Warnruf, der in westlichen Ohren erst einmal schrill klang.

Andere Denker vor Leopold hatten schon ihre Unzufriedenheit mit dem gängigen Weltbild formuliert, Albert Schweitzer etwa, Aldous Huxley oder Arthur Koestler. Manche haben die am Menschen orientierte humanistische Ethik gedehnt, um zumindest die leidensfähigen Tiere einzubeziehen. So entstand die Tierschutz-Ethik. Manche Philosophen zimmerten angesichts aktueller Weltprobleme wie Atomkraft und Gentechnik eine Art Verantwortungs-Ethik.

Einen radikalen Alternativentwurf, der uns vom hohen Roß der Anthropozentrik herunterholt, brachten sie allerdings nicht hervor. Möglicherweise war Leopld am Anfang des Jahrhunderts schon weiter als viele Öko-Ethiker unserer Tage. Er erweiterte nicht einfach angesichts der sich abzeichnenden Umweltkrise die Ethik um eine ökologische Dimension – damit es uns besser gehe, damit wir nicht Gefahr laufen, unsere Lebensgrundlagen zu zerstören –, er sah vielmehr in der Erde einen lebenden Organismus, dem wir durch Selbstbeschränkung Respekt zu erweisen haben.

Für Aldo Leopold war nicht nur der Baum lebendig oder der Wald, sondern auch eine Landschaft schlechthin, ja auch ein Berg war für ihn in gewissem Sinn belebt. Auf diese Weise knüpfte er, ohne es zu wissen, an die neuerdings geschätzte Weltanschauung von Naturvölkern an. Er griff dabei auch, ohne es zu ahnen, der gegenwärtigen Diskussion um ein »Eigenrecht der Natur« weit vor.

Ökologisch-wissenschaftlich begründete er seine Ethik mit der Regelkraft in ökologischen Systemen, welche die lebensfreundlichen Bedingungen auf der Erde aufrechterhalten. Der britische Forscher James Lovelock hat genau diese Sicht der Erde als »Superorganismus« populär gemacht, seine »GAIA-Hypothese« brachte ihm Weltruhm.

Leopold verstand es, seine weitreichenden tiefgründigen Gedanken in seiner unnachahmlichen Sprache stets auf den Punkt zu bringen. So lautete die Maxime des von ihm geforderten Handelns: »A thing is right when it tends to preserve the integrity, stability and beauty of the biotic community. It is wrong when it tends otherwise.«

Zu solch klassischer Kürze führte ein langer Weg.

Aldo Leopold, Forstmann, Wildbiologe, Ökologe, Professor, Naturschützer, Ornithologe und glühender Verteidiger von Wildnisgebieten, wurde 1887 in Burlington, Iowa, als Sohn deutschstämmiger Einwanderer geboren. Nach dem Studium in Yale, der altehrwürdigen forstlichen Universität, trat er 1909 in die Dienste des US Forest Service der amerikanischen Forstverwaltungen, als District-Ranger für Arizona und New Mexiko. Seine Ausbildung war durchdrungen vom Geist des Utilitarismus, wie ihn der in Europa ausgebildete Chef des Forest Service, Giffond Pinchot, propagierte. Seine Maxime für den Umgang mit natürlichen Ressourcen lautete: der größtmögliche Nutzen, für die größtmögliche Zahl, über die längste Zeit.

Die Natur ist da – so dachte man –, um genutzt zu werden. Weise, versteht sich, aber Natur ist nur gut, wenn sie produktiv ist. Dementsprechend waren auch die ersten Programme, die Leopold ersann, um die ihm anvertrauten National Forests zu Produktivität anzureizen. Das war keineswegs leicht, denn, um allen falschen Assoziationen gleich vorzubeugen: Die National Forests in Arizona und New Mexiko hatten mit den Bildern aus Walt Disney's *Die Wüste lebt* viel und mit einem deutschen Buchenforstamt nichts gemein. Die karge Weide mit robusten Rindern war alles, was diese Landschaft der Kakteen und Beifußflächen an Nutzung erlaubte, und natürlich die Jagd auf Maultierhirsche.

Aldo Leopold verbündete sich mit den Viehzüchtern und Jägern in einer Ausrottungskampagne gegen Wolf und Berglöwen. »Wenn die letzten von ihnen weggeräumt sind«, so sagte er, »wird die Produktivität unserer Gebiete um vieles erhöht sein.« Es dauerte jedoch nicht lange, bis Aldo Leopold die Schwächen dieser allzu schlichten Kosten-Nutzenrechnung erkannte. Zum einen widerstrebte pure Gewinnmaximierung seiner philosophischen Einsicht: Das »Gesetz sinkender Erträge« tauchte in *A Sand County Almanac* auf, lange bevor es sich als »Entropie-Gesetz« im Wortschatz von Ökologen, Ökonomen und Physikern bemerkbar gemacht hat. Zum anderen sah er tagtäglich, daß die Natur nicht ohne weiteres so mit sich umspringen ließ; denn die Rechnung ging meist nicht auf: In den ariden Gebieten waren die Flüsse rot vom abgeschwemmten Erdreich: An den Berghängen fraßen die Hirsche, die ihre natürlichen Feinde nun los waren, ihre eigene Lebensgrundlage, um im nächsten Winter selbst zu sterben. Später einmal sollte Leopold seinen Irrtum bekennen: »Ich dachte, daß weniger Wölfe mehr Hirsche bedeuten und daß keine Wölfe des Jägers Paradies sein müßten.«

Die Wissenschaft der Ökologie, die Ende vorigen Jahrhunderts erstmals ins Bewußtsein der naturwissenschaftlichen Intelligenz vordrang, half Leopold bei seiner Kurskorrektur; er erkannte subtile Zusammenhänge, wo er zuvor nur simple Wenn-dann-Sequenzen gesehen hatte. So schrieb er in einem Plädoyer für den Schutz von Wolf und Puma: »Wenn die Biosphäre im Laufe von Aeonen Elemente hervorgebracht hat, die wir zu schätzen, aber nicht zu verstehen gelernt haben, dann würde doch nur ein Dummkopf auf scheinbar entbehrliche Teile verzichten. Jedes Zahnrad und jede Schraube zu behalten ist die wichtigste Vorsichtsmaßnahme des intelligenten Bastlers.« – ein Zitat, das unter anderem im *World Watch Report* von 1992 als Leitgedanke wieder auftaucht. Wer die Grenzen menschlichen Wissens erkannt hat, der erkennt Grenzen für die Manipulation der Natur. Für seinen staubtrockenen Südwesten fand Leopold eine originelle Lösung: Er propagierte das »Gila Wildnisgebiet«, ein Gebiet, in dem der Mensch nur als Besucher weilt, groß genug für einen zweiwöchigen Ritt mit einem Packpferd. Nach zähem Ringen stimmte das US Forest Service 1924 diesem neuartigen Schutzgebiet zu. Als Spätfolge dieser Bemühungen ratifizierte der amerikanische Kongreß den »National Wilderness Act« im Jahre 1964 mit dem Ziel, viele der bis dahin ursprünglich gebliebenen Landschaften auf Dauer zu schützen.

Aldo Leopold besuchte auch Deutschland, das Land seiner Vorfahren. Am 9. August 1935 traf er mit einer kleinen Gruppe von Fachleuten in Bremen zu einer Studienreise ein. Die Besucher waren an Wald, Wildtieren und Naturschutz interessiert, nicht an der Politik jener Zeit. Die Reise führte Leopold nach Berlin, Tharandt und Dresden, nach Sachsen, Bayern und Baden-Württemberg. Bald war er mit der deutschen Sprache ausreichend vertraut – er hielt nach einigen Wochen sogar eine Rundfunkansprache. Als Leopold am 7. November von Hamburg abreiste, hatte er viele Eindrücke und zwei Manuskripte im Gepäck: »Hirsche und Dauerwald« und »Naturschutz in Deutschland«. Nachdenklich schrieb er im letzteren: »Wir Amerikaner, zumindest in den allermeisten Staaten, haben Wälder ohne Bären, Wölfe und Adler, ohne Raubkatzen nicht kennengelernt. Wir wollen mehr Hirsche und Nadelbäume. Ist uns aber dann auch klar, daß wir dies, wie die Deutschen, nur auf Kosten der Umwelt erreichen können?«

Georg Sperber, einer der couragiertesten Forstmänner Deutschlands, sagt über Aldo Leopold: »Er war ungewöhnlich scharfsichtig und weitblickend, 60 Jahre, bevor wir Förster den Zustand des deutschen Waldes erkannten, hat Leopold ihn bereits entlarvt...«

Jetzt, wo wir die Belastung der Atmosphäre, des Waldes und den weltweiten Artenschwund einfach nicht mehr leugnen können, erkennen wir, daß wir den Bogen überspannt haben, heute sind die Gedanken Aldo Leopolds aktueller denn je. Wenn wir heute dem Braunbären in den Alpen wieder ein Lebensrecht einräumen, so ist dies vielleicht ein Etappensieg auf dem Weg zu einer Land-Ethik.

Angesichts der erdrückenden Probleme unserer Zivilisation mag es nur ein unbedeutender Schritt sein, doch einem hätte Aldo Leopold gewiß zugestimmt: Die Existenz eines einzigen Bären bestimmt den Geschmack einer ganzen Landschaft.

Es gibt Menschen, die ohne die freie Natur und ihre Wesen leben können, und andere, die das nicht können. Die folgenden Kapitel schildern die Freuden und Leiden eines Menschen, der es nicht kann.

Wie Wind und Sonnenuntergang nahm man die freie Natur als selbstverständlich hin, bis der Fortschritt sie zu verdrängen begann. Nun stehen wir vor der Frage, ob ein noch höherer »Lebensstandard« es wert ist, mit all dem bezahlt zu werden, was naturhaft, wild und frei ist. Für uns, die Minderheit, ist der Anblick von Wildgänsen wichtiger als das Fernsehen, und die Möglichkeit, eine Küchenschelle zu finden, gilt uns als ein ebenso unverzichtbares Recht wie das Recht auf Meinungsfreiheit.

Ich gebe zu, daß sich die Wesen der Wildnis geringer menschlicher Wertschätzung erfreuten, bevor uns die Zivilisation jederzeit ein gutes Frühstück garantierte und bevor die Wissenschaft das Schauspiel enthüllte, woher sie kommen und wie sie leben. Dadurch läuft der ganze Konflikt auf eine Frage der Bewertung hinaus. Wir von der Minderheit sehen beim Fortschritt das Gesetz sinkender Erträge am Werk; unsere Gegner tun das nicht.

Bei der Lage der Dinge muß man sich zu behelfen wissen. Diese Essays sind mein Behelf. Sie gliedern sich in zwei Teile.

Teil I schildert, was meine Familie in dem »Schuppen« ihrer Wochenendzuflucht vor zu viel Modernität sieht und tut. Auf dieser Sandlandfarm in Wisconsin, die von unserer stets auf Größeres und Besseres bedachten Gesellschaft erst heruntergewirtschaftet und dann aufgegeben wurde, versuchen wir mit Axt und Schaufel das wiederzugewinnen, was wir anderswo verlieren. Hier suchen und finden wir noch unser täglich Brot von Gott.

Diese Skizzen über den »Schuppen« sind jahreszeitlich geordnet als ein Sand County Almanac, ein Jahrbuch des Sandlandes.

Teil II, Essays zur Ethik der Natur, bringt einige Ideen, mit denen wir Abtrünnigen unser Aussteigen rechtfertigen. Nur die geneigtesten Leser werden sich mit den philosophischen Fragen dieses Teils

auseinandersetzen wollen. Diese Essays sollen unserer Gesellschaft
zeigen, wie sie wieder zur Harmonie mit der Natur zurückfinden
kann.

Das Bestreben um die Erhaltung der Natur erreicht nichts, weil
es sich nicht mit unserem alttestamentarischen Konzept von der
Erde verträgt. Wir mißbrauchen Land, Wasser und Luft, weil wir sie
als Sachen ansehen, die uns gehören. Wenn wir die Erde dagegen
als eine Gesamtheit ansehen zu der wir gehören, gelingt es uns
vielleicht, unsere Umwelt mit mehr Liebe und Respekt zu behan-
deln. Anders kann die Erde die Eingriffe der technisierten Mensch-
heit nicht überstehen; und auch für uns gibt es keine andere Mög-
lichkeit, dem ästhetischen Gewinn, den Land zu geben vermag, bei
wissenschaftlicher Betrachtung seines Beitrags zur Kultur teilhaf-
tig zu werden. Daß das Land eine Gesamtheit ist, ist das Grundkon-
zept der Ökologie, daß es geliebt und geachtet werden muß, gehört
zur Ethik. Daß das Land eine kulturelle Ernte bringt, ist seit lan-
gem bekannt, aber letztlich oft vergessen worden.

Diese Essays versuchen diese drei Konzepte miteinander zu ver-
schmelzen. Eine derartige Betrachtung von Land und Leuten unter-
liegt natürlich den Verschwommenheiten und Verzerrungen persön-
lichen Erlebens und persönlicher Vorlieben. Aber was auch immer
die Wahrheit sein mag, so viel ist kristallklar: Unsere auf immer
Größeres und Besseres bedachte Gesellschaft ist heute wie ein Hypo-
chonder, der so sehr von seinem Wunsch nach ökonomischer
Gesundheit besessen ist, daß er die Fähigkeit verloren hat, gesund zu
bleiben. Die ganze Welt ist so begierig nach mehr Badewannen, daß
sie die zu ihrer Herstellung notwendige Stabilität verloren hat und
noch nicht einmal mehr den Wasserhahn zudrehen kann. Nichts
könnte zu diesem Zeitpunkt heilsamer sein
als etwas gesunde Verachtung für das Füllhorn materieller Seg-
nungen. Vielleicht kann eine solche Verschiebung der Werte erreicht
werden, indem die der Natur entfremdeten, gezähmten und einge-
sperrten Wesen unter dem Gesichtspunkt einer sich selbst überlasse-
nen, wilden und freien Natur neu beurteilt werden.

Madison, Wisconsin   **Aldo Leopold**
4. März 1948

Teil I
Sand County Almanac

Ein Rotkardinal,
der das Tauwetter bejubelt, aber später merkt, daß er sich geirrt hat, kann
seinen Irrtum gutmachen, indem er wieder still wird
wie im Winter.

Tauwetter im Januar

In jedem Jahr, nach den Eisstürmen des Mittwinters, kommt eine Nacht mit Tauwetter, in der der Rhythmus tröpfelnden Wassers im Lande zu hören ist. Sie bringt eine seltsame Unruhe mit sich, nicht nur für diejenigen, die sich für die Nacht zur Ruhe gelegt haben, sondern auch für manche, die den ganzen Winter durchschlafen. Der aus seinem Winterschlaf erwachende Skunk, der zusammengerollt in seiner tiefen Höhle lag, streckt sich, wagt sich hinaus in die feuchte Welt und schleift seinen Bauch durch den Schnee. Seine Spuren gehören zu den ersten wahrnehmbaren Ereignissen im Zyklus des Werdens und Vergehens, den wir als ein Jahr bezeichnen.

Die Spur zeigt eine Gleichgültigkeit gegenüber den irdischen Angelegenheiten, die zu anderen Jahreszeiten ungewöhnlich wäre; sie führt schnurstracks querfeldein, als hätte ihr Verursacher die Deichsel seines Wagens fest nach einem Stern ausgerichtet und dann die Zügel fallenlassen. Ich folge der Spur des Skunks voller Neugierde nach, ob ich daraus etwas über seinen Gemütszustand und Appetit ablesen kann sowie über sein Reiseziel, falls er eines hat.

In den Monaten von Januar bis Juni nimmt die Fülle der Ablenkungen in der Form einer geometrischen Reihe zu. Im Januar kann man einer Skunkspur folgen, nach beringten Meisen suchen oder nachschauen, welche der jungen Kiefern vom Weißwedel-Wild verbissen wurden oder an welchen Bisamrattenbauten die Nerze gegraben haben. Es gibt nur wenige, leicht davon abschweifende andere Aktivitäten.

Beobachtungen im Januar können fast so einfach und friedlich sein wie Schnee und fast so andauernd wie Kälte. Da hat man Zeit, nicht nur zuzusehen, wer was getan hat, sondern auch darüber nachzudenken, warum es geschah.

Eine Wiesenmaus, erschreckt durch mein Kommen, schießt quer über die Skunkspur. Warum ist sie bei Tageslicht unterwegs? Vermutlich betrübt sie das Tauwetter. Heute sind die labyrinthartigen, versteckten Tunnel, die sie mühsam durch das verfilzte Gras unter dem Schnee genagt hatte, keine Tunnel mehr, sondern nur noch Wege, die den Blicken der Öffentlichkeit und der Lächerlichkeit preisgegeben sind. Tatsächlich hat die wärmende Sonne die Grundbedingungen des winzigen Ökosystems verhöhnt!

Die Maus weiß als nüchterner Bürger, daß das Gras wächst, damit Mäuse es zu unterirdischen Heuhaufen aufschichten, und daß der Schnee fällt, damit Mäuse unterirdische Gänge von Heulager zu Heulager bauen können: Angebot, Nachfrage und Transport sind sauber organisiert. Für die Maus bedeutet der Schnee, frei zu sein von Not und Furcht.

Ein Rauhfußbussard segelt über die Wiese. Nun verhält er im Rüttelflug wie ein Eisvogel und läßt sich dann als gefiederte Bombe auf das Marschland fallen. Er steigt nicht wieder auf, also bin ich sicher, daß er einen besorgten Mäuseingenieur, der nicht bis zur Nacht warten konnte, um den Schaden an seiner wohlgeordneten Welt zu inspizieren, gefangen hat und jetzt frißt.

Dem Rauhfuß ist es gleichgültig, warum das Gras wächst, aber er weiß sehr wohl, daß der Schnee schmilzt, damit Bussarde wieder Mäuse fangen können. Er kam aus der Arktis zurück in der Hoffnung auf Tauwetter, denn für ihn bedeutet Tauwetter Freiheit von Not und Furcht.

Die Skunkspur führt in die Wälder und überquert eine Lichtung, wo die Kaninchen den Schnee festgetreten und mit rosafarbenem Urin gesprenkelt haben. Freigelegte Eichensämlinge haben das Tauwetter mit der frischen Rinde ihrer Stämmchen bezahlt. Büschel von Kaninchenfell erzählen von den ersten Kämpfen des Jahres zwischen den liebestollen Rammlern. Etwas weiter entfernt finde ich einen blutigen Fleck, kreisförmig umrahmt von den Spuren fegender Eulenschwingen. Diesem Kaninchen brachte das Tauwetter Freiheit von Not, aber auch ein leichtsinniges Aufgeben der Furcht. Die Eule hat es daran erinnert, daß Frühlingsgefühle kein Ersatz für Vorsicht sind.

Die Skunkspur führt weiter, ohne Interesse für etwaige Nahrung anzuzeigen und ohne das Herumtollen der Nachbarn oder ihre Bestrafung zu beachten. Ich würde zu gern wissen, was er vorhat und was ihn aus seinem Bett gebracht hat. Darf man diesem beleibten Gesellen romantische Gefühle unterstellen? Schließlich führt die Spur in einen Treibholzhaufen und kommt nicht wieder heraus. Ich höre das Wasser zwischen den Stämmen tröpfeln und stelle mir vor, daß der Skunk es ebenfalls hört. Nachdenklich mache ich mich auf den Heimweg.

Robert Bateman-

Die Wahrnehmung zu fördern
ist der einzig wirklich schöpferische Teil
der Freizeitindustrie.

Gute Eiche

Für den Menschen, der keine Farm besitzt, gibt es die Gefahr zweier Trugschlüsse: zum einen könnte er annehmen, daß das Frühstück aus dem Lebensmittelgeschäft, zum anderen, daß die Wärme aus dem Ofen kommt.

Um der ersten Gefahr zu entgehen, sollte man einen Garten anlegen, vorzugsweise in einer Gegend, wo kein Gemüsemarkt die Angelegenheit verfälschen kann.

Um die zweite zu vermeiden, sollte man im Februar einen Kloben guten Eichenholzes in den Kamin legen, möglichst in einem Haus ohne Zentralheizung, und die Schienbeine daran wärmen, während ein Eissturm draußen an den Bäumen zerrt. Wer seine eigene gute Eiche gefällt, zerhackt, heimgebracht, aufgeschichtet und dabei nur ein bißchen nachgedacht hat, wird sich gut daran erinnern, woher die Wärme kommt, und zwar in all den Einzelheiten, die jenen abgehen, die ihr Wochenende in der Stadt vor einem Heizkörper verbringen.

Eben diese Eiche, die nun auf meinem Feuerbock glüht, wuchs am Rande der alten Einwandererstraße, wo diese den Sandhügel hinaufführt. Der Stumpf, den ich nach dem Fällen vermaß, hatte einen Durchmesser von 75 Zentimetern. Er wies achtzig Jahresringe auf, also muß der Sämling, aus dem der Baum erwuchs, seinen ersten Ring 1865, gegen Ende des Sezessionskrieges, gebildet haben. Aber aus der Geschichte heutiger Sämlinge weiß ich, daß keine Eiche über die von Kaninchen noch zu erreichende Höhe hinaus wächst, ohne ein Jahrzehnt lang oder noch länger jeden Winter ringförmig benagt zu werden und im folgenden Sommer wieder auszutreiben. Tatsächlich steht fest, daß jede überlebende Eiche ihr Fortbestehen entweder der Nachlässigkeit oder der geringen Anzahl der Kaninchen verdankt.

Gewiß wird eines Tages ein geduldiger Botaniker eine Häufigkeits-
kurve für die Geburtsjahre von Eichen zeichnen und dabei feststellen,
daß die Kurve alle zehn Jahre ausbuckelt. Jeder Buckel entsteht dabei
durch einen Tiefstand im Zehnjahreszyklus der Kaninchen. (Durch
diesen anhaltenden Kampf zwischen und innerhalb der Tier- und
Pflanzenwelt erreichen sie gemeinsam Unsterblichkeit.) Es ist somit
wahrscheinlich, daß es in den Mittsechzigern, als meine Eiche ihre
ersten Jahresringe bildete, einen Tiefstand im Kaninchenbestand
gab, daß aber die Eichel, aus der sie erwuchs, während des vorangegangenen Jahrzehnts heruntergefallen war, als noch die Planwagen
über meine Straße in den äußersten Nordwesten rollten. Es könnte
dieser Einwandererverkehr gewesen sein, der den Straßenrand bloß-
gelegt hat, wodurch diese Eichel ihre ersten Blätter der Sonne entge-
genstrecken konnte. Nur eine Eichel unter tausend wird jemals groß
genug, um es mit den Kaninchen aufzunehmen; der Rest versinkt bei
der Geburt im Meer der Prärie. Es ist ein erwärmender Gedanke, daß
diese nicht dazugehörte und somit leben konnte, um achtzig Jahre
lang die Junisonne zu speichern. Dieses Sonnenlicht, das jetzt dank
meiner Axt und meiner Säge wieder verströmt werden kann, erwärmt
meine Hütte und mein Gemüt während achtzig Böen des Schneesturms. Und mit jedem Windstoß geben Rauchfetzen aus meinem
Schornstein allen Interessierten Zeugnis davon, daß die Sonne nicht
vergebens schien.

Meinen Hund kümmert es nicht, woher die Wärme kommt, aber
ihn interessiert brennend, daß sie kommt, und zwar schnell. Tatsächlich hält er meine Fähigkeit, sie herbeizuschaffen, für eine Art Zauber, denn wenn ich in der kalten, schwarzen Vordämmerung aufstehe
und zitternd vor der Feuerstelle knie, um Feuer zu machen, schiebt
er sich sanft zwischen mich und die Holzspäne, die ich auf die Asche
gelegt habe, und wenn ich sie anzünden will, muß ich das Streichholz
zwischen seinen Beinen durchschieben. Ich vermute, dies ist der
Glaube, der Berge versetzt.

Ein Blitzschlag setzte der Holzproduktion dieser besonderen Eiche
ein Ende. Wir alle erwachten in einer Julinacht von dem Donner-
schlag; uns war klar, daß es in der Nähe eingeschlagen haben mußte,
aber da es nicht bei uns war, schliefen wir wieder ein. Der Mensch ist
das Maß aller Dinge, und das gilt auch für den Blitzschlag.

Als wir am nächsten Morgen über den Sandhügel zogen und uns mit Sonnenhut und Prärieklee über den frischgefallenen Regen freuten, stießen wir auf einen großen Rindenbrocken, der frisch vom Stamm der Eiche am Straßenrand abgerissen war. Der Stamm hatte eine lange, spiralförmige Narbe von bloßgelegtem hellen Holz, dreißig Zentimeter breit und noch nicht von der Sonne vergilbt. Am nächsten Tag waren die Blätter verwelkt, und wir wußten, daß der Blitz uns drei Klafter künftigen Feuerholzes beschert hatte. Wir trauerten über den Verlust des alten Baumes, aber wir wußten, daß ein Dutzend seiner Nachkommen, die gerade und kräftig im Sand standen, bereits seine Aufgabe der Holzproduktion übernommen hatte.

Wir ließen den toten Veteranen ein Jahr lang in der Sonne trocknen, deren Energie er nicht mehr speichern konnte, und an einem kalten Wintertag gingen wir mit frisch geschärfter Säge an sein bewehrtes Fundament. Würzig duftende kleine Splitter seiner Geschichte spritzten bei jedem Schnitt vom Sägeblatt und sammelten sich im Schnee vor den beiden knienden Sägern. Wir fühlten, daß diese zwei Haufen von Sägespänen mehr als nur Holz waren: daß sie ein vollständiger Querschnitt durch ein Jahrhundert waren; daß sich unsere Säge Zug um Zug, Jahrzehnt um Jahrzehnt, durch die Chronologie eines Lebens fraß, wie sie in den konzentrischen Jahresringen einer guten Eiche festgehalten ist.

Es brauchte nur ein Dutzend Züge, die wenigen Jahre zu durchsägen, in denen die Eiche uns gehört hatte und während derer wir die Farm lieben und schätzen gelernt hatten. Jäh begannen wir, die Jahre unseres Vorgängers, des Alkoholschmugglers, zu durchsägen, der diese Farm gehaßt, sie ihrer noch vorhandenen Fruchtbarkeit beraubt, ihr Farmhaus abgebrannt, sie in den Schoß des Landkreises zurückgeworfen hatte (mit beträchtlichen Steuerschulden) und schließlich in der landlosen Anonymität der Depressionsjahre verschwunden war. Dennoch hatte die Eiche gutes Holz für ihn produziert; die Sägespäne aus seiner Epoche waren ebenso wohlriechend, gesund und rosafarben wie die unseren. Eine Eiche macht keinen Unterschied im Ansehen der Person.

Die Herrschaft des Alkoholschmugglers endete irgendwann in den

Staubstürmen der Dürrejahre von 1936, 1934, 1933 und 1930. Eichenholzrauch der Schnapsbrennereien und Torffeuer von brennendem Marschland müssen damals die Sonne verdunkelt haben, und Naturschutz steckte gerade in den Kinderschuhen. Doch den Sägespänen merkte man das nicht an.

Pause! ruft jetzt der Obersäger, und wir halten ein, um Atem zu schöpfen.

Jetzt frißt sich unsere Säge in die Jahre um 1920, die Dekade der Babbitts*, wo alles größer und besser wurde, in Sorglosigkeit und Arroganz – bis 1929, als der große Börsenkrach kam. Sollte die Eiche ihn gehört haben, so ist ihrem Holz jedenfalls nichts anzumerken. Ebensowenig hat sie die verschiedenen Beteuerungen des Gesetzgebers bezüglich seiner Liebe zu Bäumen beachtet: ein Staatsforst- und ein Holzschlaggesetz 1927, Errichtung eines großen Schutzgebietes im Tiefland des Oberen Mississippi 1924 und neue Richtlinien für die Forstwirtschaft 1921. Sie hat auch 1925 den Tod des letzten Marders im Land nicht beachtet und nicht die Ankunft des ersten Stars 1923.

Im März 1922 vernichtete der große Eisregen die benachbarten Ulmen Ast für Ast, aber an unserem Baum ist kein Anzeichen von Schaden zu bemerken. Was bedeutet schon eine Tonne Eis, mehr oder weniger, für eine gute Eiche?

Pause! ruft jetzt der Obersäger, und wir halten ein, um Atem zu schöpfen.

Nun frißt sich unsere Säge in die Jahre von 1910 bis 1920, das Jahrzehnt des Drainagewahns, als Dampfbagger das Marschland von Mittelwisconsin trockenlegten, um Farmen entstehen zu lassen, und stattdessen Aschehaufen produzierten. Unsere Marsch entging der Zerstörung, nicht dank der Sorgfalt oder Voraussicht der Ingenieure, sondern weil der Fluß sie in jedem Jahr im April überschwemmte; und mit besonderer Macht – vielleicht in einer Art Selbstverteidigung – in den Jahren 1913 bis 1916. Die Eiche setzte Holz an, als ob nichts wäre, selbst als 1915 der Oberste Gerichtshof die Staatsforste abschaffte und Gouverneur Phillip verkündete, daß »Staatsforste kein gutes Geschäft« seien. (Dem Gouverneur ist nicht aufgegangen, daß es mehr als eine Definition für das, was gut ist,

---

* siehe Glossar Seite 182

geben könnte und selbst für das, was ein »Geschäft« ist. Ihm ist auch nicht aufgegangen, daß, während die Gerichte ihre Definition dessen, was gut ist, in die Gesetzbücher eintrugen, die Feuer der Oberfläche des Landes eine ganz andere Definition einbrannten. Vielleicht darf man, wenn man Gouverneur ist, in solchen Dingen keine Zweifel haben.)

Während die Forstwirtschaft in diesem Jahrzehnt zurückging, kam der Wildschutz voran. 1916 wurden in Waukesha County erfolgreich Fasane angesiedelt; 1915 verbot ein Bundesgesetz die Frühjahrsjagd; 1913 wurde eine staatliche Wildfarm eröffnet; 1912 schützte ein »Bockgesetz« alles weibliche Weißwedel-Wild; 1911 verbreiteten sich Schutzgebiete in Windeseile im ganzen Land. »Schutzgebiet« wurde zu einem heiligen Wort, aber die Eiche kümmerte das nicht.

Pause! ruft jetzt der Obersäger, und wir halten ein, um Atem zu schöpfen.

J etzt sägen wir durch 1910, als ein bedeutender Rektor einer Universität ein Buch über Naturschutz veröffentlichte, gewaltige Schwärme von Sägewespen Millionen Lärchen vernichteten, eine große Dürre die Kiefernpflanzungen verbrannte und ein riesiger Bagger die Horicon-Marsch trockenlegte. Wir sägen durch 1909, als erstmals Stinte in den Großen Seen ausgesetzt wurden und ein nasser Sommer den Gesetzgeber veranlaßte, die Mittel zur Waldbrandbekämpfung zu streichen.

Wir sägen in das trockene Jahr 1908, in dem die Wälder heftig brannten und Wisconsin seinen letzten Puma verlor.

Wir sägen durch 1907, als ein wandernder Luchs, der das gelobte Land in der falschen Richtung suchte, seinen Werdegang zwischen den Farmen des Dane County beendete.

Wir sägen durch 1906, als der erste Staatsförster seinen Dienst antrat und Brände 17 000 Morgen in diesen Sandgebieten vernichteten; wir sägen durch 1905, als ein großer Schwarm Habichte aus dem Norden kam und die Kragenhühner der Gegend auffraß (bestimmt saßen die Habichte auch in diesem Baum und kröpften ein paar meiner Hühner). Wir sägen durch 1902–3, einen bitterkalten Winter; durch 1901 mit der verheerendsten Dürre seit Menschengedenken (nur 425 mm Regen); durch 1900, das Jahr der Jahrhundertwende, ein Jahr der Hoffnung, der Gebete und des üblichen Jahresrings der Eiche.

Pause! ruft jetzt der Obersäger, und wir halten ein, um Atem zu schöpfen.

Nun frißt sich unsere Säge in die 1890er Jahre, die fröhlichen genannt von denen, deren Augen stadtwärts gerichtet sind anstatt auf das Land. Wir sägen durch 1899, als die letzte Wandertaube in der Nähe von Babcock, zwei Bezirke nördlich von hier, von einer Ladung Schrot getroffen wird; wir sägen durch 1898, als auf einen trockenen Herbst ein schneeloser Winter folgte, der den Boden über zwei Meter tief gefrieren ließ und die Apfelbäume umbrachte; durch 1897, wieder ein Dürrejahr, in dem eine weitere Forst-Kommission ins Leben gerufen wurde; durch 1896, als allein von dem Dorf Spooner 25 000 Präriehühner zum Markt verfrachtet wurden; durch 1895, ein weiteres Jahr der Brände; durch 1894, ein weiteres Dürrejahr; und 1893, das Jahr des »Hüttensänger-Unwetters«, als ein Schneesturm im März die ziehenden Hüttensänger fast vollständig vernichtete. (Die ersten Hüttensänger ließen sich immer in dieser Eiche nieder, aber Mitte der neunziger Jahre muß es ohne sie gegangen sein.) Wir sägen durch 1892, ein weiteres Jahr der Brände; durch 1891, das einen Tiefstand im Zyklus der Kragenhühner markiert, und durch 1890, das Jahr des Babcock-Milchtests, der es ein halbes Jahrhundert später Gouverneur Heil ermöglichte, Wisconsin als Amerikas Molkereiland zu rühmen. Die Nummernschilder der Autos, auf denen heute diese Prahlerei von »Americas Dairy Land« zu lesen ist, waren damals nicht vorherzusehen, nicht einmal von Professor Babcock.

Ebenfalls 1890 trieben die größten Kiefernholzflöße der Geschichte in Sichtweite meiner Eiche den Wisconsinfluß hinab, um ein Imperium roter Scheunen für die Kühe der Präriestaaten zu bauen. So kommt es, daß heute gutes Kiefernholz zwischen der Kuh und dem Schneesturm steht, genau wie meine gute Eiche zwischen dem Schneesturm und mir.

Pause! ruft jetzt der Obersäger, und wir halten ein, um Atem zu schöpfen.

31

Nun frißt sich unsere Säge in die 1880er Jahre; in 1889, ein Dürrejahr, in dem erstmals der Tag des Baumes ausgerufen wurde; in 1887, als Wisconsin den ersten Wildhüter einstellte; in 1886, als die Landwirtschaftsschule den ersten Kurz-Lehrgang für Farmer abhielt; in 1885, dem ein Winter von »nie dagewesener Länge und Strenge« vorausgegangen war; in 1883, als Dekan W.H. Henry berichtete, daß die Frühlingsblumen in Madison dreizehn Tage später als sonst üblich blühten; in 1882, das Jahr, in dem der Mendota-See nach dem historischen »Großen Schneefall« und der bitteren Kälte von 1881/82 mit einem Monat Verspätung auftaute. Ebenfalls 1881 debattierte die Landwirtschaftliche Gesellschaft von Wisconsin die Frage: »Wie erklären Sie die auffallend starke Naturverjüngung von Schwarzeichen der letzten dreißig Jahre in unserem Land ?« Meine Eiche gehörte dazu. Einer der Debattierenden vermutete eine spontane Vermehrung, ein anderer hervorgewürgte Eicheln südwärts ziehender Tauben.

Pause! ruft jetzt der Obersäger, und wir halten ein, um Atem zu schöpfen.

Jetzt schneidet unsere Säge in die 1870er Jahre, das Jahrzehnt der Weizenorgie in Wisconsin. Das böse Erwachen kam 1879, als Raupen, Rostpilz und Bodenerschöpfung schließlich die Farmer von Wisconsin überzeugten, daß sie es in dem Spiel, das Land durch Weizenanbau zu ruinieren, nicht mit den unverbrauchten Prärien weiter westlich aufnehmen konnten. Ich habe den Verdacht, daß diese Farm ihren Teil zu dem Spiel beitrug und daß die Sanddüne genau nördlich von meiner Eiche ihren Ursprung einem übermäßigen Weizenanbau verdankt.

Dieses selbe Jahr, 1879, erlebte die ersten ausgesetzten Karpfen in Wisconsin und brachte auch die Quecke als blinden Passagier von Europa. Am 27. Oktober 1879 saßen sechs durchziehende Präriehühner auf dem Dachfirst der deutschen Methodistenkirche in Madison und blickten auf die wachsende Stadt. Am 8. November wurde berichtet, daß die Märkte in Madison mit Enten für 10 Cents das Stück überschwemmt seien.

1878 prophezeite ein Jäger aus Sauk Rapids: »Die Jäger werden zahlreicher sein als die Hirsche.« Am 10. September 1877 erlegten

zwei Brüder am Muskego-See an einem einzigen Tag 210 Blauflügel-
enten.

1876 war urkundlich nachgewiesen das nasseste Jahr; es regnete
1250 mm. Die Zahl der Präriehühner ging zurück, vielleicht wegen
des vielen Regens. 1875 brachten Jäger in dem östlichen Bezirk York
Prairie 153 Präriehühner um. Im selben Jahr setzte die US-Fischerei-
behörde Lachs aus dem Atlantik im Teufels-See, 16 km südlich meiner Eiche, aus.

1874 wurde der erste maschinell hergestellte Stacheldraht an
Eichbäumen befestigt; ich hoffe nur, daß keine solchen Kunstprodukte in dem Eichenholz, an dem ich gerade säge, begraben sind!

1873 erhielt und vermarktete ein Chicagoer Unternehmen 25 000
Präriehühner. Die Händler in Chicago kauften zusammen 600 000
Stück zu 3,25 Dollar das Dutzend.

1872 wurde zwei Regierungsbezirke südwestlich von hier der letzte
wilde Truthahn von Wisconsin getötet.

Es ist bezeichnend, daß das Jahrzehnt, das die Weizenorgie der
Pioniere beendete, auch in einer Taubenblutorgie enden sollte. 1871
wurden in einem Dreieck von ca. 80 km Schenkellänge nordwestlich
von meiner Eiche 136 Millionen nistende Tauben geschätzt, und
einige davon mögen auf ihr ihre Nester gehabt haben, als sie ein
sechseinhalb Meter hoher, heranwachsender junger Baum war.
Scharen von Taubenjägern gingen mit Netzen und Flinten, Knüppeln
und Salzlecken ihrem Gewerbe nach, und Waggonladungen künfti-
ger Taubenpastete bewegten sich süd- und ostwärts in Richtung der
Städte. Es war das letzte große Nisten in Wisconsin und fast das letzte
in allen Staaten der USA.

Dasselbe Jahr, 1871, brachte weitere Beweise der fortschreitenden
Weltherrschaft: das Peshtigo-Feuer, das manche Landbezirke ohne
Bäume und Ackerboden zurückließ, und das Chicago-Feuer, das
durch den protestierenden Fußtritt einer Kuh ausgelöst worden sein
soll.

1870 hatten die Wiesenmäuse ihren Eroberungszug bereits insze-
niert: sie fraßen die jungen Obstpflanzungen des jungen Staates leer,
und dann starben sie. Meine Eiche haben sie nicht gefressen, ihre
Rinde war schon zu zäh und zu dick für Mäuse.

Ebenfalls 1870 brüstete sich ein gewerbsmäßiger Schütze in der

Jagdzeitschrift *American Sportsman* damit, während einer Saison in der Gegend von Chicago 6000 Enten getötet zu haben.

Pause! ruft jetzt der Obersäger, und wir halten ein, um Atem zu schöpfen.

Nun frißt sich unsere Säge in die 1860er Jahre, als Tausende bei dem Versuch starben, die Frage zu klären, ob die Mensch-Mensch-Gemeinschaft leichtfertig zerstückelt werden soll. Sie klärten die Frage, sahen aber nicht, und auch wir sehen das noch nicht, daß sich dieselbe Frage für die Gemeinschaft von Mensch und Land stellt.

Dieses Jahrzehnt befand sich auf der tastenden Suche nach einem größeren Zusammenhang. 1867 brachte Increase A. Lapham die staatliche Gartenbaugesellschaft dazu, Preise für Forstpflanzungen auszusetzen. 1866 wurde der letzte Wisconsin-Wapiti getötet. Die Säge trifft jetzt 1865, das Kernjahr unserer Eiche. In diesem Jahr bat John Muir seinen Bruder, dem damals der elterliche Hof 48 km östlich von meiner Eiche gehörte, ihm ein Stück Land als Schongebiet für Wildblumen zu verkaufen, die ihn in seiner Jugendzeit erfreut hatten. Sein Bruder lehnte es ab, sich von dem Land zu trennen, aber er konnte die Idee nicht unterdrücken: 1865 steht in der Geschichte von Wisconsin immer noch als das Geburtsjahr der Gnade für naturhafte, wilde und freie Lebewesen.

Wir haben das Innerste durchtrennt. Unsere Säge eilt nun in entgegengesetzter Richtung durch die Geschichte; wir sägen nach außen zurück durch die Jahre auf die andere Seite des Stumpfes. Endlich geht ein Zittern durch den großen Stamm; die Sägekerbe weitet sich plötzlich; die Säge wird rasch herausgezogen, während die Sägemannschaft in sichere Entfernung zurückspringt; alle rufen »Timber!«, meine Eiche neigt sich, stöhnt und kracht mit erderschütterndem Donner hernieder. Dann liegt sie hingestreckt über die Einwandererstraße, die ihr einst zum Leben verhalf.

Nun kommt die Arbeit des Holzmachens. Klingend fällt der schwere Hammer auf die Stahlkeile, die die hochkant gestellten Stammteile zu duftenden Holzstücken spalten, die am Straßenrand aufgestapelt werden.

Für Historiker steckt ein Gleichnis in den unterschiedlichen Funktionen von Säge, Keil und Axt.

Die Säge arbeitet sich nur durch die Jahre, mit denen sie sich, eines nach dem anderen, der Reihe nach auseinandersetzen muß. Aus jedem Jahr sammeln die Sägezähne Tatsachensplitter, die zu kleinen Haufen werden, von den Holzfällern Sägemehl und von den Geschichtsschreibern Archive genannt; beide beurteilen die Wesensart dessen, was darin liegt, nach der Beschaffenheit der Stichproben, die auf diese Weise herausgebracht wurden. Der Baum fällt nicht, bevor der Transversalschnitt vollendet ist, und der Stumpf ermöglicht einen Gesamtüberblick über ein Jahrhundert. Durch seinen Fall bestätigt der Baum die Einheit des Durcheinanders, das wir Geschichte nennen.

Der Keil funktioniert dagegen nur in strahlenförmigen Spalten. Ein solcher Spalt gibt eine Übersicht über alle Jahre gleichzeitig, oder gar keine, je nachdem, mit wieviel Geschick man die Spaltebene gewählt hat. (Im Zweifelsfall lasse man diesen Teil ein Jahr lang liegen, bis sich von selbst ein Riß zeigt. So mancher hastig getriebene Keil liegt rostend in den Wäldern, in unspaltbarem Hirnholz eingebettet.)

Die Axt wirkt im Winkel diagonal zu den Jahren, und auch das nur bei den peripheren Ringen der jüngeren Vergangenheit. Ihre Hauptaufgabe, für die Keil und Säge nicht zu gebrauchen sind, besteht darin, Zweige abzuschlagen.

Diese drei Werkzeuge sind notwendig für gute Eichen wie für gute Geschichte.

Über diese Dinge sinne ich nach, während der Kessel summt und die gute Eiche zu roten Kohlen auf weißer Asche verbrennt. Wenn der Frühling kommt, werde ich diese Asche zurückgeben an den Obstgarten am Fuße des Sandhügels, und ich werde sie wiederbekommen, vielleicht als rote Äpfel, vielleicht als Zeichen des unbewußten Unternehmungsgeistes eines fetten Oktober-Eichhörnchens, der es Eicheln pflanzen läßt.

Die Wildgänse kehren zurück

Eine Schwalbe macht noch keinen Sommer, aber ein Schwarm Wildgänse, der die Trübe des Tauwetters im März durchdringt – das ist der Frühling.

Ein Rotkardinal, der das Tauwetter als Frühling bejubelt, aber später merkt, daß er sich geirrt hat, kann seinen Irrtum gutmachen, indem er wieder still wird wie im Winter. Ein Streifenhörnchen, das für ein Sonnenbad herauskommt, aber einen Schneesturm vorfindet, braucht nur zurück ins Bett zu gehen. Eine ziehende Wildgans jedoch, die dreihundertzwanzig Kilometer Nachtflug absolviert, um eine offene Stelle im See zu finden, kann sich nicht so leicht zurückziehen. Ihre Ankunft trägt die Überzeugung eines Propheten in sich, der die Brücken hinter sich verbrannt hat.

Ein Märzmorgen ist nur so düster wie derjenige, der in ihm wandelt, ohne einen Blick zum Himmel zu werfen und die Ohren nach den Gänsen zu spitzen. Ich kannte einmal eine gebildete Dame, die Mitglied einer angesehenen Studentenverbindung war und mir sagte, daß sie noch nie die Wildgänse gehört oder gesehen hätte, die alljährlich zweimal den Wechsel der Jahreszeiten über ihrem wohlisolierten Dach ausrufen. Ist Bildung vielleicht ein Vorgang, bei dem man Erkenntnis gegen Dinge von geringerem Wert eintauscht? Die Wildgans, die das täte, wäre bald nur noch ein Haufen Federn.

Die Wildgänse, die die Jahreszeiten auf unserer Farm ausrufen, kennen viele Dinge, einschließlich der Jagd-Statuten von Wisconsin. Die im November südwärts ziehenden Schwärme fliegen hoch und stolz, mit kaum einem Ruf des Wiedererkennens für ihre Lieblingssandbänke und Moräste, über uns hinweg. Eine »Luftlinie« ist gekrümmt, verglichen mit ihrem unbeirrbaren Zielflug zum nächsten großen See 320 Kilometer weiter südlich, wo sie tagsüber auf dem weiten Gewässer umherlungern und nachts Mais von den gerade abgeernteten Feldern stibitzen. Novembergänse wissen, daß jeder Sumpf und Teich von der Morgen- bis zur Abenddämmerung von erwartungsvollen Flinten strotzt.

Bei den Märzgänsen ist das anders. Obwohl während des größten Teils des Winters auf sie geschossen wurde, wovon so manche schrotbeschädigte Schwungfeder Zeugnis ablegt, wissen sie, daß nun der Frühlingswaffenstillstand in Kraft ist. Sie folgen den Windungen des Flusses, gleiten im Tiefflug über die nun flintenfreien Landzungen und Inseln und schnattern jeder Sandbank wie einem langentbehrten Freund zu. Sie schweben niedrig über die Marschen und Wiesen und begrüßen alle frischgeschmolzenen Pfützen und Tümpel. Schließlich, nach einigen Proforma-Rundflügen über unserer Marsch, setzen sie zur Landung an und gleiten lautlos zum Teich hernieder, das schwarze Fahrgestell ausgefahren und die Rümpfe weiß gegen den Hügel. Haben sie erst das Wasser berührt, veranstalten unsere neuangekommenen Gäste ein Rufen und Planschen, das den letzten Wintergedanken aus den spröden Rohrkolben schüttelt. Unsere Gänse sind wieder daheim!

In diesem Augenblick wünsche ich mir von Jahr zu Jahr wieder, eine Bisamratte zu sein und bis zu den Augen im Sumpf zu stecken.

Sobald die ersten Gänse eingetroffen sind, rufen sie jedem ziehenden Schwarm eine laute Einladung zu, und in wenigen Tagen ist die Marsch voll von ihnen. Auf unserer Farm messen wir den Reichtum des Frühlings mit zwei Maßstäben: der Anzahl der gepflanzten Kiefern und der Zahl der einfallenden Gänse. Unser Rekord sind 642 Wildgänse, gezählt am 11. April 1946.

Wie im Herbst machen auch unsere Frühlingsgänse ihre täglichen Ausflüge zum Mais, diesmal aber ohne sich heimlich bei Nacht hinausstehlen zu müssen. Die Gruppen bewegen sich tagsüber geräuschvoll zu und von den Stoppelfeldern. Jedem Abflug geht eine laute Geschmacksdebatte voraus und jeder Rückkehr eine noch lautere. Wenn sich die heimgekehrten Scharen ganz zu Hause fühlen, unterlassen sie ihr Proforma-Kreisen über der Marsch. Sie taumeln vom Himmel wie Ahornblätter, gleiten nach rechts und links zur Seite, um an Höhe zu verlieren, die Füße den Willkommensrufen von unten entgegengespreizt. Ich nehme an, daß sich das anschließende

Geschnatter um die Vorzüge der Mahlzeit vom Tage dreht. Sie essen nun den übriggebliebenen Mais, den die Schneedecke während des Winters vor Krähen, Baumwollschwanz-Kaninchen, Wiesemäusen und Fasanen, die danach suchten, geschützt hat.

Es ist eine auffallende Tatsache, daß die von Wildgänsen gewählten Maisstoppelfelder meist solche sind, die auf der ehemaligen Prärie gründen. Kein Mensch weiß, ob diese Vorliebe für Präriemais dessen besonders hohem Nährwert zuzuschreiben ist oder einer vorväterlichen Tradition, die seit den Prärietagen von Generation zu Generation weitergegeben wurde. Vielleicht spiegelt sie auch die einfachere Tatsache wider, daß die Präriemaisfelder meist groß sind. Wenn ich die aufgeregten Debatten verstehen könnte, die diesen täglichen Maisausflügen vorausgehen und folgen, könnte ich wahrscheinlich bald den Grund für die Prärie-Vorliebe erfahren. Aber das kann ich nicht, und so bin ich damit zufrieden, daß es ein Geheimnis bleibt. Wie langweilig wäre die Welt, wenn wir alles über Wildgänse wüßten!

Wenn man so die tägliche Routine einer Versammlung von Frühlingsgänsen beobachtet, fällt einem die große Zahl von Einzeltieren auf – einsame Wildgänse, die viel umherfliegen und Selbstgespräche führen. Man möchte ihren Rufen geradezu einen untröstlichen Klang zuschreiben und zu dem Schluß kommen, sie seien Witwer mit gebrochenem Herzen oder Mütter, die nach verlorenen Kindern suchen. Der erfahrene Ornithologe weiß jedoch, daß eine derartige subjektive Interpretation des Verhaltens der Vögel riskant ist. Ich habe lange versucht, der Frage aufgeschlossen gegenüberzustehen.

Nachdem meine Studenten und ich sechs Jahre lang die Anzahl der Wildgänse in einem Schwarm gezählt hatten, fiel unerwartet etwas Licht auf die Bedeutung der einsamen Gänse. Durch mathematische Analyse stellten wir fest, daß Gruppen von sechs oder einem Vielfachen von sechs weit häufiger waren, als daß es hätte Zufall sein können. Mit anderen Worten, Gänsetrupps sind Familien oder Ansammlungen von Familien, und einsame Wildgänse im Frühling sind wahrscheinlich genau das, was unsere sympathievollen Vermutungen gleich zu Anfang nahegelegt hatten. Sie sind verwaiste Überlebende der Winterjagd, die vergebens nach ihren Angehörigen suchen. Nun kann ich vorbehaltlos mit den und um die einsamen Wildgänse trauern.

Es kommt nicht oft vor, daß die stocknüchterne Mathematik die gefühlvollen Eingebungen eines Vogelfreundes bestätigt.

Wenn es an Aprilabenden warm genug ist, um draußen zu sitzen, lauschen wir gern dem Fortgang der Versammlung im Marschland. Es gibt lange Perioden der Stille, in denen nur das Quorren der Schnepfe, das Heulen einer Eule in der Ferne oder das nasale Glucken eines verliebten Bläßhuhns zu hören ist. Dann plötzlich ertönt ein greller Ruf, und sofort antwortet ein Höllenlärm. Dann folgt das Schlagen von Schwungfedern auf dem Wasser, ein Ansturm dunkler Körper, die von schäumenden Paddeln vorangetrieben werden, und ein allgemeines Geschrei der Zuschauer einer heftigen Fehde. Schließlich hat ein Rufer mit tiefer Stimme das letzte Wort, und der Lärm verebbt zu dem kaum wahrnehmbaren Geplapper, das unter Gänsen selten aufhört. Wieder einmal wünsche ich mir, eine Bisamratte zu sein!

Wenn erst die Küchenschellen in voller Blüte stehen, schwindet unsere Gänseversammlung, und noch vor Mai ist unsere Marsch wieder lediglich eine grasbedeckte Nässe, die nur von Rotschulterstärling und Rallen belebt ist.

Es ist eine Ironie der Geschichte, daß die Großmächte erst 1943 in Kairo die Einheit der Nationen entdecken sollten. Die Wildgänse der Welt wußten das längst, und alljährlich im März verwetten sie ihren Kopf auf diese Grundwahrheit.

Am Anfang gab es nur die Grundwahrheit der Eisdecke, dann folgte die Einheit des Tauwetters im März und der Wallfahrt internationaler Wildgänse nach Norden. In jedem März seit der Eiszeit haben die Wildgänse »Einheit« geschnattert – vom Gelben Meer bis zur sibirischen Steppe, vom Euphrat zur Wolga, vom Nil bis Murmansk, von Lincolnshire bis Spitzbergen. In jedem März seit der Eiszeit schnatterten sie dasselbe – von Currituck bis Labrador, von Matamuskeet bis Ungava, vom Horseshoe-See zur Hudsonbai, vom Panhandle bis zum Mackenzie, vom Sacramento bis zum Yukon.

Durch diesen internationalen Handelsverkehr der Wildgänse wird

Auf unserer Farm
messen wir
den Reichtum
des Frühlings
mit zwei Maßstäben:
der Anzahl der
gepflanzten Kiefern
und der Zahl der
einfallenden
Gänse.

der Maisabfall von Illinois durch die Wolken zu den arktischen Tundren getragen und verbindet sich dort mit dem Überfluß des Sonnenlichts in einem nachtlosen Juni, um Gänseküken für alle dazwischenliegenden Gebiete aufwachsen zu lassen. Und in diesem alljährlichen Austausch von Nahrung gegen Licht und Wärme im Winter und gegen Einsamkeit im Sommer erhält der ganze Kontinent als Reingewinn ein wildes Gedicht, das aus trübem Himmel auf den Schlamm des März niederfällt.

Wenn das Hochwasser kommt

Die gleiche Logik, die große Flüsse immer an großen Städten vorbeifließen läßt, verursacht, daß billige Farmen mitunter durch Frühjahrsüberschwemmungen eingeschlossen werden. Wir haben eine billige Farm, und manchmal, wenn wir sie im April besuchen, werden wir von der Außenwelt abgeschnitten.

Nicht genau, aber innerhalb gewisser Grenzen kann man nach der Wettervorhersage abschätzen, wann der Schnee im Norden schmelzen wird. Und man kann auch beurteilen, wie viele Tage die Flut brauchen wird für ihren Spießrutenlauf durch die Städte am Oberlauf des Flusses. Wenn es dann Sonntagabend wird, müßte man zurück in die Stadt und zur Arbeit, aber man kann nicht. Wie süß murmeln die Flutwasser, wenn sie Beileid heucheln für den Schaden, den sie für die Termine am Montagmorgen angerichtet haben! Tief und sonor sind die Rufe der Gänse, wenn sie ein Maisfeld nach dem anderen überfliegen, von denen jedes im Begriff steht, zu einem See zu werden. Alle hundert Meter versucht eine andere Gans mit harten Flügelschlägen die Führung der Staffel bei der morgendlichen Erkundung dieser neuen und wäßrigen Welt zu erkämpfen.

Die Begeisterung der Wildgänse für Hochwasser ist eine subtile Angelegenheit. Man übersieht sie leicht, wenn man mit Gänsegeschnatter nicht vertraut ist. Die Begeisterung von Karpfen für Hochwasser ist offensichtlich und unmißverständlich. Sobald die steigende Flut die Graswurzeln benetzt, kommen sie heran. Sie wühlen und wälzen sich mit der Wollust von Schweinen, die auf die Weide gelassen werden, sie lassen rote Schwänze und gelbe Bäuche aufblitzen, sie kreuzen Wagenspuren und Kuhpfade und schütteln Schilfrohr und Büsche bei der eiligen Erkundung ihres sich ausdehnenden Universums.

Anders als Wildgänse und Karpfen lassen die terrestrischen Vögel und Säugetiere das Hochwasser mit stoischer Gleichmütigkeit über sich ergehen. Ein Rotkardinal in der Krone einer Birke am Fluß pfeift laut sein Anrecht auf ein Territorium heraus, von dem, außer den Bäumen, nichts zu sehen ist. Ein Kragenhuhn trommelt aus den überfluteten Wäldern; es muß auf dem obersten Ende seines höchsten Trommelstammes sitzen. Wiesenmäuse ziehen schwimmend Kreise mit der ruhigen Sicherheit von Miniatur-Bisamratten. Aus dem Obstgarten springt ein Hirsch, der aus seinem gewohnten Tagesbett im Weidendickicht vertrieben wurde. Überall sind Kaninchen auszumachen, die ruhig auf unserem Hügel Quartier beziehen, der ihnen, da Noah nicht anwesend ist, als Arche dient.

Die Frühlingsflut bringt uns mehr als nur ein großes Abenteuer; sie bringt gleichfalls eine unvorhersehbare Mischung schwimmfähiger Objekte mit sich, die sie von den stromaufwärts gelegenen Höfen hat mitgehen lassen. Ein auf unserer Wiese gestrandetes Brett hat für uns den doppelten Wert wie ein gleiches Stück neu vom Holzhändler. Jedes alte Brett hat seine eigene, individuelle Geschichte, stets unbekannt, aber immer bis zu einem gewissen Grad zu erraten aus der Holzart, seinem Umfang, seinen Nägeln, Schrauben oder seiner Farbe, seiner Zurichtung oder ihrem Fehlen, seiner Abnutzung oder seinem Verfall. An den an Sandbänken abgeschliffenen Ecken und Enden kann man sogar abschätzen, wieviele Fluten es in den vergangenen Jahren getragen haben.

So ist unser Holzhaufen, der ausschließlich vom Fluß zusammengetragen wurde, nicht nur eine Sammlung von Persönlichkeiten, sondern auch eine Anthologie menschlichen Strebens aus den stromaufwärts gelegenen Farmen und Wäldern. Die Autobiographie eines alten Brettes ist eine Literaturform, die noch nicht an Universitäten gelehrt wird. Aber jedes Flußufer ist eine Bibliothek, in der jeder, der dort hämmert oder sägt, nach Belieben lesen kann. Hochwasser bringt stets neue Bücher.

Es gibt Abstufungen und unterschiedliche Formen von Einsamkeit. Die Insel in einem See ist eine Art. Aber auf Seen gibt es Boote, und eines könnte dich besuchen. Der Berggipfel in den Wolken ist eine andere, und zu den meisten Gipfeln führen Pfade; Pfade sind begehbar. Ich kenne keine sicherere Einsamkeit als die von einer

Frühjahrsflut bewachte. Auch die Wildgänse, die um mehr Formen und Intensitäten von Einsamkeit wissen als ich, kennen keine bessere.

So sitzen wir auf unserem Hügel neben einer gerade erblühten Küchenschelle und beobachten die vorüberziehenden Gänse. Ich sehe, wie unsere Straße sanft ins Wasser taucht, und beschließe (mit innerer Freude, aber äußerer Objektivität), daß die Frage des Verkehrs – hinein oder heraus – zumindest für diesen Tag nur unter den Karpfen zur Debatte steht.

Hungerblümchen

Jetzt wird innerhalb weniger Wochen das Hungerblümchen, die kleinste aller blühenden Blumen, jeden sandigen Platz mit winzigen Blüten überziehen.

Wer mit hoffnungsvollen gen Himmel gerichteten Augen auf den Frühling wartet, sieht niemals so kleine Dinge wie das Hungerblümchen. Wer niedergeschlagenen Blickes den erwarteten Frühling fast aufgibt, tritt, ohne es zu merken, darauf. Wer mit den Knien im Schlamm nach dem Frühling sucht, findet es in Fülle.

Das Hungerblümchen verlangt und erhält nur eine kärgliche Zuteilung an Wärme und Behaglichkeit; es lebt von den Resten unerwünschter Zeit und unbenötigten Raumes. In Botanikbüchern bekommt es zwei oder drei Zeilen, aber niemals eine Tafel oder eine Abbildung. Sand, der zu karg, und Sonnenlicht, das zu schwach ist für größere, bessere Blüten, sind gut genug für das Hungerblümchen. Schließlich ist es keine Frühlingsblume, sondern nur das Postscriptum zu einer Hoffnung.

Das Hungerblümchen rührt nicht ans Innerste. Sein Duft, falls es denn einen hat, verliert sich in den Winden. Seine Farbe ist schlicht weiß. Seine Blätter tragen ein vernünftiges Wollmäntelchen. Niemand frißt es; es ist zu klein. Kein Dichter besingt es. Ein Botaniker gab ihm einst einen lateinischen Namen, und dann vergaß er es. Insgesamt ist es ohne Bedeutung – lediglich ein kleines Geschöpf, das seine bescheidene Aufgabe rasch und gut erfüllt.

Großblättrige oder Großfruchtige Eiche

Wenn Schulkinder einen Vogel, eine Blume oder einen Baum zum Staatssymbol wählen sollen, treffen sie keine Entscheidung; sie bestätigen nur die Geschichte. Und die Geschichte machte die Großfruchtige Eiche zum typischen Baum für Süd-Wisconsin, als die Präriegräser die Region erstmals in Besitz nahmen. Die Großfruchtige Eiche ist der einzige Baum, der einen Präriebrand überstehen und weiterleben kann.

Habt ihr euch einmal überlegt, warum eine dicke Kruste korkiger Rinde den ganzen Baum bedeckt, selbst an den kleinsten Zweigen? Dieser Kork ist ein Panzer. Großfruchtige Eichen waren die Stoßtrupps, die der vordringende Wald schickte, um die Prärie zu erstürmen; sie mußten dem Feuer widerstehen. In jedem April, bevor frische Gräser die Prärie mit unbrennbarem Grün bedeckt hatten, überzogen Brände willkürlich das Land und ließen nur solche alten Eichen stehen, deren Rinde zu dick zum Verbrennen war. Die meisten dieser Gehölze einzelner Veteranen, die die Pioniere als »Eichenlichtungen« kannten, bestanden aus Großfruchtigen Eichen.

Nicht die Ingenieure haben die Isolierung erfunden; sie haben sie diesen alten Soldaten des Präriekrieges abgeguckt. Botaniker können die Geschichte dieses zwanzigtausendjährigen Krieges lesen. Das Protokoll besteht zum Teil aus Pollen, die im Torf eingebettet sind, und zum Teil aus Überresten von Pflanzen, die als Nachhut der Schlacht eingeschlossen und dann vergessen wurden. Das Protokoll zeigt, daß die Waldfront einmal fast bis zum Oberen See zurückgewichen war, während sie ein anderes Mal weit nach Süden hinunter reichte. Zu dieser Zeit kam sie so weit südwärts voran, daß Fichten und andere »Nachhut-Arten« bis zur Südgrenze Wisconsins und darüber hinaus vordringen konnten; Fichtenpollen finden sich in einer bestimmten Torfschicht überall in der Gegend. Aber die meiste Zeit war die Kampflinie zwischen Prärie und Wald ungefähr dort, wo heute die Trennlinie ist, und alles in allem endete die Schlacht unentschieden.

Einer der Gründe dafür war, daß es Verbündete gab, die ihre Unterstützung erst der einen und dann der anderen Seite zukommen ließen. So hielten Kaninchen und Mäuse die Präriekräuter im Sommer kurz und benagten im Winter ringförmig jeden Eichensämling, der die Brände überlebt hatte, Eichhörnchen vergruben Eicheln im Herbst und fraßen sie während des restlichen Jahres. Junikäfer lockerten als Larven den Prärieboden, im Erwachsenenstadium aber entlaubten sie die Eichen. Ohne dieses Hüh und Hott der Verbündeten, die deshalb nie einen Sieg errangen, hätten wir heute das reiche Mosaik von Prärie- und Waldböden nicht, das sich auf Landkarten so gut ausnimmt.

Jonathan Carver hinterließ eine lebhafte Schilderung der Präriegrenze in den Tagen vor der Besiedlung. Am 10. Oktober 1763 besuchte er die Blue Mounds, eine Gruppe hoher (heute bewaldeter) Hügel im Südwesten des Dane County. Er sagt: »Ich bestieg einen der höchsten Hügel dieser Gruppe und hatte eine umfassende Aussicht über das Land. Meilenweit war nichts zu sehen als kleinere Hügel, die aus der Ferne wie Heuhaufen aussahen, da sie unbewaldet waren. Nur wenige Hickorygehölze und verkrüppelte Eichen bedeckten einige der Täler.«

1840 mischte sich ein neues Wesen, der Siedler, in die Prärieschlacht ein. Er tat das unabsichtlich, indem er nur genügend Felder pflügte, um der Prärie ihren uralten Verbündeten zu nehmen: das Feuer. Seitdem tummelten sich Legionen von Eichensämlingen im Grasland, und was einmal die Prärieregion gewesen war, wurde ein Gebiet bewaldeten Farmlands. Wer diese Geschichte bezweifelt, soll gehen und die Ringe einer beliebigen Gruppe von Baumstümpfen in irgendeinem Waldstück auf einem Hügelkamm in Südwest-Wisconsin zählen. Alle Bäume außer den ältesten Veteranen gehen zurück auf die 1850er und die 1860er Jahre, und das war die Zeit, als die Präriebrände aufhörten.

In dieser Zeit, als die neuen Wälder die alten Prärien verdrängten und die Eichenlichtungen mit Dickichten aus Grünholz versanken, wuchs John Muir im Marquette County auf. In seinem Buch *Knabenzeit und Jugend* erinnert er sich:

»Die durchgehend fruchtbaren Böden der Prärien von Illinois und Wisconsin förderten den hohen und dichten Graswuchs und damit die Brände, so daß dort kein Baum wachsen konnte. Ohne diese Brände wären diese Prärien, die ein so markantes Charakteristikum des Landes sind, von dichtesten Wäldern bedeckt gewesen. Sobald die Eichenlichtungen besiedelt waren und die Farmer die Lauffeuer der Prärie unterbunden hatten, wurzelten Bäume und bildeten hohe Dickichte, so dicht, daß man nur schwer hindurchgehen konnte und jede Spur sonniger Eichenlichtungen verschwand.«

Wer eine solche Großfruchtige Eiche besitzt, hat mehr als nur einen Baum. Er hat eine historische Bibliothek und einen reservierten Platz im Evolutionstheater. Für sein sehendes Auge ist die Farm ausgezeichnet mit dem Abzeichen und Symbol des Präriekrieges.

Himmelstanz

Ich besaß meine Farm schon seit zwei Jahren, ehe ich bemerkte, daß über meinen Wäldern jeden Abend im April und Mai der Himmelstanz zu sehen war. Seit ich ihn entdeckte, haben meine Familie und ich versucht, auch nicht eine einzige Vorstellung zu verpassen.

Die Show beginnt am ersten warmen Abend im April pünktlich um 18 Uhr 50. Der Vorhang hebt sich täglich eine Minute später, bis die Vorstellung am 1. Juni erst um 19 Uhr 50 beginnt. Diese gleitende Skala wird von Eitelkeit diktiert, der Tänzer verlangt eine romantische Beleuchtung von genau 0.05 Candela. Kommt nicht zu spät und sitzt still, sonst fliegt er beleidigt davon.

Theaterrequisiten und Zeitpunkt der Vorstellung spiegeln die launigen Ansprüche des Darstellers wider. Die Bühne muß ein offenes Amphitheater im Wald oder Gebüsch sein, und in der Mitte muß sie einen Moosflecken, einen Sandstreifen, ein Stück nackten Fels oder einen unbewachsenen Weg haben. Anfangs war mir nicht klar, warum der Waldschnepfenhahn so versessen auf einen kahlen Tanzboden war, aber heute denke ich, daß es mit den Beinen zu tun hat. Die Beine der Waldschnepfe sind kurz, und der Hahn kann in dichtem Gras oder Unkraut nicht wirkungsvoll stolzieren. Auch könnte seine Dame sie da nicht gut sehen. Ich habe mehr Waldschnepfen als die meisten Farmer, weil ich mehr bemoosten Sand habe, der zu karg ist für Grasbewuchs.

Wenn ihr den Ort und die Zeit kennt, setzt euch unter einen Busch östlich vom Tanzboden und wartet, damit ihr gegen den Sonnenuntergang die Ankunft des Schnepfenhahns seht. Er fliegt in geringer Höhe aus einem benachbarten Dickicht ein, geht auf dem kahlen Moos nieder und beginnt sofort mit dem Vorspiel: einer Reihe von eigentümlichen Kehllauten – dem Quorren – im Abstand von etwa zwei Sekunden, das dem Sommerruf der Falkennachtschwalbe sehr ähnlich ist.

Plötzlich hört das Quorren auf, und der Vogel flattert in einer Serie weiter Kreise himmelwärts, wobei er ein musikalisches Meckern hören läßt. Immer höher steigt er, die Kreise werden steiler und enger, das Meckern wird lauter und lauter, bis der Darsteller nur noch ein Punkt am Himmel ist. Dann, ohne Warnung, taumelt er wie ein abstürzendes Flugzeug erdwärts, mit sanften, fließenden Tönen, um die ihn ein Hüttensänger im März beneiden würde. Kurz über dem Boden fängt er sich ab und kehrt zu seinem Balzplatz zurück, meist genau zu der Stelle, wo die Vorstellung begann, und setzt sein Imponiergehabe fort.

Bald ist es zu dunkel, um den Vogel am Boden zu erkennen, aber ihr könnt seinen Flug gegen den Himmel noch eine Stunde lang sehen, so lange dauert die Show für gewöhnlich. In mondhellen Nächten jedoch kann sie, mit Unterbrechungen, fortdauern, solange der Mond scheint.

Bei Tagesanbruch wird die ganze Show wiederholt. Anfang April fällt der letzte Vorhang um 5 Uhr 15; die Zeit verkürzt sich um zwei Minuten täglich, bis die letzte Vorstellung für dieses Jahr um 3 Uhr 15 endet. Warum die Zeitverschiebung in gleitender Skala? Nun ja, ich fürchte, selbst romantische Gefühle ermüden, denn um in der Morgendämmerung den Himmelstanz zu beenden, braucht es nur ein Fünftel des Lichts, das für den Balzbeginn bei Sonnenuntergang nötig ist.

Vielleicht ist es gut, daß man unabhängig davon, wie eifrig man die unzähligen kleinen Theaterstücke der Wälder und Wiesen studiert, niemals alle Einzelheiten von auch nur einem dieser Stücke erfahren kann. So weiß ich über den Himmelstanz eines noch nicht: Wo ist die Dame, und welche Rolle spielt sie, falls sie eine spielt? Oft sehe ich zwei Waldschnepfen auf einem Balzplatz, und manchmal fliegen die beiden zusammen, aber nie quorren sie gemeinsam. Ist der zweite Vogel das Weibchen oder ein rivalisierendes Männchen?

Eine weitere Unbekannte: Wird das Meckern über die Stimmbänder oder mechanisch erzeugt? Mein Freund Bill Feeney hat einmal ein Netz über einen meckernden Vogel geworfen und seine äußeren Schwungfedern entfernt; danach hat der Vogel zwar noch gequorrt und getrillert, aber nicht mehr gemeckert. Ein einziges solches Experiment ist jedoch kaum schlüssig.

Und noch eine Unbekannte: Bis zu welcher Nistphase setzt das Männchen den Himmelstanz fort? Meine Tochter sah einmal einen quorrenden Vogel achtzehn Meter von einem Nest entfernt, das bebrütete und leergeschlüpfte Eierschalen enthielt, aber war dies auch das Nest seines Weibchens? Oder ist dieser verstohlene Geselle womöglich Bigamist, ohne daß wir es je herausgefunden haben? Diese und viele andere Fragen bleiben Geheimnisse der zunehmenden Dämmerung.

Das Theater Himmelstanz wird allabendlich auf Hunderten von Farmen gespielt, deren Eigentümer sich nach Unterhaltung sehnen, aber der Illusion erliegen, man müsse diese im Theater suchen. Sie leben auf dem Land, aber nicht mit dem Land.

Die Waldschnepfe ist die lebende Widerlegung der Theorie, daß die Daseinsberechtigung eines Waldvogels darin besteht, als Zielscheibe zu dienen oder anmutig auf einer Scheibe Toast zu posieren. Niemand würde im Oktober lieber auf Schnepfenjagd gehen als ich, aber seit ich den Himmelstanz kenne, sage ich mir, daß ein oder zwei Vögel genug sind. Ich muß sicher sein, daß im nächsten April kein Mangel an Tänzern am Abendhimmel herrscht.

Zurück aus Argentinien

Wenn der Löwenzahn das Zeichen des Mai auf das Weideland in Wisconsin gesetzt hat, wird es Zeit, dem endgültigen Beweis für die Ankunft des Frühlings zu lauschen. Setzt euch auf ein Grasbüschel, spitzt die Ohren himmelwärts, filtert den tollen Lärm der Lerchen- und Rotschulterstärlinge aus, und bald könnt ihr ihn hören: den Zuggesang des Prärieläufers, der gerade aus Argentinien zurückgekommen ist.

Wenn ihr gute Augen habt, könnt ihr den Himmel absuchen und ihn sehen, wie er mit schlagenden Flügeln in den wolligen Wolken kreist. Ist eure Sehkraft schwach, versucht es gar nicht erst; schaut nur auf die Zaunpfähle. Bald wird euch ein silberner Blitz sagen, auf welchem Pfahl der Prärieläufer gelandet ist und seine langen Schwingen zusammengefaltet hat. Wer auch immer das Wort »Anmut« erfunden hat, muß das Zusammenfalten der Schwingen des Prärieläufers beobachtet haben.

Da sitzt er; sein ganzes Sein drückt aus, daß ihr nun an der Reihe seid, euch aus seinem Bereich zurückzuziehen. Die Grundbücher mögen versichern, daß euch diese Weide gehört, aber der Prärieläufer läßt solche banalen Realitäten nicht gelten. Er ist gerade 4000 Meilen geflogen, um einen Grundbucheintrag zu sichern, den er von den Indianern bekommen hat. Bis die jungen Prärieläufer flügge sind, gehört dieses Weideland ihm. Keiner darf es widerrechtlich betreten, ohne daß er protestiert.

Irgendwo in der Nähe bebrütet das Prärieläuferweibchen die vier großen, spitzen Eier, aus denen bald vier kleine Nestflüchter schlüpfen werden. Sobald ihr Flaum getrocknet ist, tummeln sie sich im Gras wie Mäuse auf Stelzen, wobei sie durchaus in der Lage sind, euren plumpen Fangversuchen zu entgehen. Nach dreißig Tagen sind die Küken ausgewachsen; kein anderes Federvieh entwickelt

sich mit gleicher Geschwindigkeit. Im August haben sie ihr Flug-
examen bestanden, und an kühlen Augustabenden könnt ihr ihre
Pfeifsignale hören, wenn sie sich auf die Reise zur Pampa machen,
um wieder die uralte Einheit des amerikanischen Kontinents zu
beweisen. Die Solidarität in der Hemisphäre ist für Staatsmänner
etwas Neues, nicht aber für die gefiederten Luftflotten.

Der Prärieläufer paßt sich leicht an die landwirtschaftliche Kulturlandschaft an. Er folgt den schwarz und weiß gescheckten Büffeln,
die heute auf seiner Prärie weiden, und hält sie für einen brauchbaren
Ersatz für die früheren braunen. Er nistet in Heuwiesen ebenso wie
auf Weideland, aber im Gegensatz zum ungeschickten Fasan entgeht
er den Mähmaschinen. Lange vor der Heumahd sind die jungen
Prärieläufer flügge und auf und davon. Auf dem Farmland hat der
Prärieläufer nur zwei wirkliche Feinde: die Abwässer und Drainage-
gräben. Vielleicht werden wir eines Tages herausfinden, daß dies
auch unsere Feinde sind.

Zu Anfang des 20. Jahrhunderts gab es eine Zeit, in der die Farmen
von Wisconsin beinahe ihren uralten Zeitmesser verloren hätten, als
die Weiden im Mai in aller Stille ergrünten und die Augustabende
keine gepfiffene Mahnung ob des bevorstehenden Herbstes brachten.
Allgegenwärtiges Flintenpulver und der Reiz von Prärieläufer auf
Toast für nachviktorianische Bankette hatten einen zu hohen Tribut
gefordert. Der späte Schutz für die Zugvögel durch entsprechende
Bundesgesetze kam gerade noch rechtzeitig.

Die Erlengabelung – ein Anglerparadies

Wir fanden den Hauptstrom so niedrig vor, daß die Bekassine dort umherplätscherte, wo im vorigen Jahr noch die Forellen-Stromschnellen waren, und so warm, daß wir in seine tiefste Stelle eintauchen konnten, ohne aufzujuchzen. Selbst nach unserem kühlenden Bad fühlten sich die Wasserstiefel wie heiße Teerpappe in der Sonne an.

Das abendliche Angeln erwies sich als ebenso enttäuschend wie diese Vorboten. Wir baten den Fluß um Forellen, und er gab uns Döbel. An diesem Abend saßen wir wegen der Moskitos im Rauch eines Ölpotts und besprachen den Plan für den nächsten Tag. Wir hatten 320 km heiße, staubige Straße hinter uns gebracht, um einmal wieder das ungestüme Zerren einer aus ihren Träumen aufge-schreckten Bach- oder Regenbogenforelle zu spüren. Doch es gab keine Forellen.

Aber dieser Fluß, so erinnerten wir uns jetzt, war verzweigt. Weit oben, im Quellgebiet, hatten wir einmal einen Arm gesehen, schmal und tief und von kaltem Quellwasser gespeist, das unter seinem dicht von Erlen gesäumten Ufer hervorsprudelte. Was würde eine auf ihr Wohl bedachte Forelle bei solchem Wetter tun? Genau das, was wir auch taten: stromaufwärts wandern.

In der Morgenkühle, als Hunderte von Weißkehlammern verges-sen hatten, daß es je wieder anders als angenehm und kühl sein könnte, kletterte ich das betaute Flußufer hinab und watete in die Erlengabelung. Eine Forelle sprang gerade flußaufwärts. Ich ließ langsam etwas Schnur schießen – wobei ich mir wünschte, daß sie immer so geschmeidig und trocken bleiben möge –, und nachdem ich die Entfernung mit ein oder zwei Probewürfen gemessen hatte, plazierte ich eine ermattete Mücke genau dreißig Zentimeter vor ihren letzten Strudel. Vergessen waren heiße Straße, Mücken, der schmachvolle Döbel. Gierig verschlang die Forelle den Köder, und kurz darauf hörte ich sie am Boden meines Fischkorbes im Bett nasser Erlenblätter zappeln.

Ein weiterer, wiewohl größerer Fisch, hatte sich inzwischen im nächsten Kolk an der Oberfläche gezeigt. Das stille Wasser lag am äußersten Rand »möglicher Navigation«. Die Erlen bildeten an seinem oberen Ende eine geschlossene Phalanx. Ein Busch stand mit seinem braunen Stamm in der Mitte der Strömung und schüttelte sich wie in stetem, stillen Gelächter, als wolle er jeder Fliege spotten, die Götter oder Menschen ein paar Zentimeter jenseits seines äußersten Blattes werfen könnten.

Für eine Zigarettenlänge sitze ich auf einem Stein in der Mitte des Flusses und beobachte meine Forelle, wie sie unter ihren schützenden Busch schwimmt, während meine Angelrute und -schnur am sonnigen Ufer zum Trocknen an den Erlen hängen. Ich warte – vorsichtshalber – noch etwas länger. Dieser Kolk ist zu still. Aber jetzt kommt ein Lüftchen, das seine Oberfläche bald für einen Augenblick kräuseln könnte, wodurch der tadellose Wurf, mitten in sein Herz, noch tödlicher sein wird. Er wird kommen – ein Windstoß, stark genug, einen braunen Nachtfalter aus der lachenden Erle zu schütteln und auf den Kolk zu werfen.

Es ist soweit! Rolle die trockene Schnur auf und stelle dich mitten in den Fluß – die Angelrute in höchster Bereitschaft. Er kommt – ein leichtes, ahnungsvolles Zittern in dieser Espe auf dem Hügel läßt mich einen halben Wurf ausrollen, den ich sanft hin und her schwirren lasse, bereit für den Moment, wenn der Wind auf das Wasser trifft. Wohlgemerkt, nur die halbe Länge der Angelschnur! Die Sonne steht jetzt hoch, und jeglicher flimmernde Schatten von oben würde meinen Burschen vor seinem kommenden Schicksal warnen. Jetzt! Die letzten drei Meter schießen heraus, die Fliege fällt elegant zu Füßen der lachenden Erle – er beißt an! Ich halte starr fest, um ihn aus dem jenseitigen Dschungel herauszuhalten. Er schießt stromabwärts. Wenige Minuten später zappelt auch er im Fischkorb.

Ich sitze in glücklicher Meditation auf meinem Stein und sinne, während meine Schnur wieder trocknet, über Forellen und Menschen nach. Wie ähnlich sind wir den Fischen: bereit, nein, begierig, jede Neuheit zu ergreifen, die ein zufälliger Wind auf unseren Fluß der Zeit weht! Und wie bedauern wir unsere Eile, wenn wir merken, daß der goldene Fund einen Haken hat. Dennoch hat wohl auch die Begierde ihre guten Seiten, ob sich nun ihr Ziel als richtig oder als falsch erweist. Wie unendlich langweilig wären ein vollkommen kluger Mensch, eine solche Forelle oder Welt. Sagte ich vorhin, ich hätte »vorsichtshalber« noch etwas gewartet? Das stimmt nicht. Die einzige Vorsicht bei Anglern besteht darin, auf die nächste und vielleicht länger währende Chance vorbereitet zu sein.

Jetzt wird's aber Zeit – bald werden sie nicht mehr springen. Ich wate hüfttief zum oberen Ende des »Navigationsbereichs«, stecke meinen Kopf frech in die zitternde Erle und schaue hinein. Dschungel ist der richtige Ausdruck! Eine rabenschwarze Höhle, so dicht überwuchert von Grünzeug, daß man keinen Farn, geschweige denn eine Angelrute über den reißenden Tiefen schwingen könnte. Und da, ihre Rippen fast am dunklen Ufer reibend, wendet sich träge eine große Forelle, während sie nach einem vorbeischwimmenden Käfer schnappt.

Keine Chance, mich an sie heranzupirschen, nicht einmal mit dem bescheidenen Wurm. Aber zwanzig Meter bachaufwärts blinkt heller Sonnenschein auf dem Wasser – noch eine offene Stelle. Mit einer trockenen Fliege stromab fischen? Wenig aussichtsreich, aber es muß versucht werden. Ich wate zurück und erklimme das Ufer. Bis zum Hals in Springkraut und Nesseln versunken, zwänge ich mich durch das Erlendickicht zu der oberen lichten Stelle. Mit katzenhafter Vorsicht, um das Bad ihrer Majestät nicht zu stören, steige ich ins Wasser und stehe dort fünf Minuten lang stocksteif, damit sich alles beruhigen kann. Derweil ziehe ich die Schnur heraus, öle und trockne sie und wickle zehn Meter davon um meine linke Hand. So weit bin ich vom Dschungel entfernt.

Nun zum großen Abenteuer! Ich puste meine Fliege an, um sie ein letztes Mal aufzuplustern, lege sie zu meinen Füßen auf das fließende Wasser und gebe rasch Schlinge um Schlinge der Schur frei. Dann, als die Schnur sich streckt und die Fliege in den Dschungel gesogen wird, gehe ich rasch stromabwärts und versuche, ihr Schicksal in der dunklen Höhle zu verfolgen. Kleine Sonnenfleckchen geben die Sicht flüchtig frei und zeigen, daß sie noch unbehindert auf der

Meine Zuneigungen sind zahlreicher
als die meiner Nachbarn, weil ich einzelne Arten mag, die sie
unter der abwertenden Kategorie Gestrüpp abtun.

Robert Bateman.

Wasseroberfläche schwebt. Sie umrundet die Biegung. Schnell und lange bevor die durch meine Bewegung verursachte Trübung die List verraten hat, erreicht sie den schwarzen Kolk. Ich höre den Angriff des großen Fisches mehr, als ich ihn sehe. Ich schlage den Haken an und der Kampf beginnt.

Kein vernünftiger Mensch würde Fliege und Schnur im Wert von ein paar Dollar riskieren, um eine Forelle gegen die Strömung durch die Riesenzahnbürste von Erlenstämmen, die diese Flußbiegung einfassen, zu ziehen. Aber wie ich schon sagte, Angler sind nicht vernünftig. Nach und nach, mit viel Sorgfalt, bringe ich sie in offenes Wasser und schließlich in den Fischkorb.

Nun will ich bekennen, daß keine der drei Forellen geköpft oder zusammengefaltet werden mußte, um in ihren Sarg zu passen. Nicht die Forellen waren groß, sondern das Glück. Voll war nicht mein Fischkorb, sondern mein Erleben. Wie die Weißkehlammern hatte ich vergessen, daß es jemals etwas anderes als kühlen Morgen an der Erlengabelung geben könnte.

Großartige Besitztümer

Einhundertzwanzig Morgen ist, nach Auskunft des Liegenschafts-
beamten des Regierungsbezirks, das Ausmaß meiner weltlichen
Domäne. Aber der Liegenschaftsbeamte ist ein schläfriger Kerl, der
nie vor neun Uhr morgens in seine Bücher schaut. Was darin bei
Tagesanbruch zu sehen wäre, ist unser Thema.

Grundbuch oder nicht, Tatsache ist – für meinen Hund und mich
offenkundig –, daß bei Tagesanbruch alles Land, über das ich laufen
kann, allein mir gehört. Nicht nur Grenzen verschwinden, sondern
auch der Gedanke, eingegrenzt zu sein. Jede Morgendämmerung
kennt Ausdehnungen, von denen Urkunde und Landkarte nichts
ahnen. Abgeschiedenheit dehnt sich nach allen Seiten aus, soweit der
Tau reicht.

Wie andere Großgrundbesitzer habe auch ich Pächter. Mit dem
Pachtzins sind sie nachlässig, aber peinlich genau mit ihren Besitzan-
sprüchen. Tatsächlich verkünden sie einander bei jedem Tagesanbruch von April bis Juli ihre Grenzen und bestätigen damit schluß-
endlich auch ihr Lehen an mich.

Dieses tägliche Ritual beginnt, im Gegensatz zu dem, was man
annehmen möchte, nach strenger Etikette. Wer das Protokoll dafür
ursprünglich niedergelegt hat, weiß ich nicht. Um 3 Uhr 30 in der
Frühe trete ich mit so viel Würde, wie ich an einem Julimorgen
aufbringen kann, aus der Tür meiner Hütte – in jeder Hand meine
Hoheitszeichen, eine Kaffeekanne und ein Notizbuch. Mit Blick auf
den hell aufgehenden Morgenstern setze ich mich auf eine Bank. Die
Kanne stelle ich neben mich. Aus der Brusttasche meines Hemdes
ziehe ich einen Becher hervor und hoffe, daß keiner die unkonventio-
nelle Art seines Transports bemerkt. Ich nehme meine Uhr heraus,
gieße mir Kaffee ein und lege das Notizbuch aufs Knie. Das ist das
Stichwort, die Proklamationen können beginnen.

Um 3 Uhr 35 erklärt die am nächsten sitzende Feldammer mit klarer Tenorstimme, daß ihr das Kieferndickicht nach Norden bis zum Flußufer und südlich bis zur alten Wagenstraße gehört. Eine nach der anderen verkünden alle Feldammern in Hörweite ihre jeweiligen Grundbesitzansprüche. Es gibt keine Meinungsverschiedenheiten, zumindest nicht um diese Zeit. Also höre ich nur zu und hoffe innerlich, daß ihr Weibervolk diese glückliche Übereinstimmung über den *status quo ante* ruhig hinnimmt.

Noch ehe die Feldammern mit ihren Erklärungen fertig sind, schmettert die Wanderdrossel in der großen Ulme ihren Anspruch auf die Astgabel samt Zubehör heraus, wo der Eissturm einen Zweig abgerissen hat (Zubehör bedeutet in diesem Fall, alle Regenwürmer in dem nicht allzu großen angrenzenden Wiesenstück).

Der anhaltende Gesang der Wanderdrossel weckt den Baltimoretrupial, der nun der Stärlingswelt kundtut, daß der herabhängende Ulmenast ihm gehört, zusammen mit allen faserhaltigen Wolfsmilchstengeln der näheren Umgebung, allen losen Fäden im Garten und der alleinigen Berechtigung, wie ein Blitz zwischen allen hin und her zu flitzen.

Meine Uhr zeigt 3 Uhr 50. Der Indigofink auf dem Hügel meldet sein Besitzrecht auf den abgestorbenen Eichenast an, der von der Dürre 1936 übrig geblieben ist, sowie auf verschiedene Käfer und Büsche in der Nähe. Er behauptet zwar nicht direkt, daß er das Recht hat, alle Hüttensänger an Bläue zu übertreffen und alle Dreimasterblumen, die ihre Gesichter der Morgendämmerung zugewandt haben, aber ich denke, er läßt es durchblicken.

Als nächster explodiert des Zaunkönigs Gesang – es ist jener, der das Astloch in der Dachrinne der Hütte entdeckt hat. Ein halbes Dutzend anderer Zaunkönige erhebt seine Stimme, und nun herrscht ein Höllenlärm. Abendkernbeißer, Rotrücken-Spottdrosseln, Goldwaldsänger, Rotkehl-Hüttensänger, Vireos, Grundammern, Rotkardinale – alle machen mit. Meine feierliche Auflistung der Sänger nach Reihenfolge und Zeitpunkt des ersten Liedes wird ungenau, wankt und endet schließlich, denn mein Ohr kann keine Prioritäten mehr herausfiltern. Außerdem ist die Kaffeekanne leer, und die Sonne will aufgehen. Ich muß meine Domäne inspizieren, bevor mein Besitzanspruch erlischt.

Wir ziehen los, der Hund und ich, aufs Geratewohl. Er hat all diesen akustischen Vorgängen knappe Höflichkeit gezollt, denn für ihn ist nicht Gesang, sondern Geruch der Beweis der Rechtsverhältnisse. Jedes ungebildete Federbündel, meint er, kann in einem Baum Krach machen. Jetzt wird er für mich die olfaktorischen Gedichte übersetzen, die wer weiß welche stillen Kreaturen in der Sommernacht geschrieben haben. Am Ende jedes Gedichts sitzt der Dichter – wenn wir ihn finden können. Was wir tatsächlich finden, übersteigt jede Erwartung: ein Kaninchen, das sich plötzlich woanders hinwünscht; eine Waldschnepfe, die durch Aufflattern ihren Widerspruch kundtut; einen Fasanenhahn, der ungehalten ist, weil er sich seine Federn im Gras naßgemacht hat.

Ab und zu stöbern wir einen Waschbären oder Nerz auf, die spät von der nächtlichen Futtersuche zurückkehren. Manchmal stören wir einen Reiher beim Fischen, oder wir überraschen eine Brautente mit ihrem Geleitzug von Küken, die mit Volldampf den Schutz der Wasserhyazinthen aufsuchen. Manchmal sehen wir Weißwedel-Hirsche, die zum Dickicht zurückbummeln, satt von Alfalfablüten, Ehrenpreis und Kanadischem Lattich. Häufiger sehen wir nur zusammenlaufende dunkle Spuren, die schleifende Hufe auf den seidigen Stoff des Taus gesetzt haben.

Jetzt kann ich die Sonne spüren. Dem Vogelchor ist die Luft ausgegangen. Klingende Kuhglocken in der Ferne verraten eine Herde auf dem Weg zur Weide. Ein Traktor heult auf und warnt mich, daß mein Nachbar auf den Beinen ist. Die Welt ist zu den kleinlichen Ausmaßen zusammengeschrumpft, wie sie ein Liegenschaftsbeamter kennt. Wir wenden uns Haus und Frühstück zu.

Präriegeburtstag

Z u jeder Woche zwischen April und September beginnen durchschnittlich zehn Wildpflanzen erstmals zu blühen. Im Juni können es sogar bis zu zwölf Arten an einem einzigen Tag sein, die ihre Knospen öffnen. Kein Mensch kann all diese Geburtstage feiern, aber auch kein Mensch kann sie alle ignorieren. Wer im Mai auf Löwenzahn tritt, ohne ihn zu sehen, kann im August vom Blütenstaub der Goldrute eingeholt werden; wer den rötlichen Schimmer der Ulmen im April nicht sieht, mag mit seinem Auto im Juni auf den heruntergefallenen Schoten der Trompetenbäume ins Rutschen kommen. Sag mir, welchen Pflanzengeburtstag ein Mensch bemerkt, und ich sage dir einiges über seine Neigungen, Steckenpferde, seinen Heuschnupfen und den Stand seiner ökologischen Bildung.

Jedes Jahr im Juli beobachte ich gespannt einen bestimmten Landfriedhof, an dem ich auf dem Weg zu und von meiner Farm vorbeikomme. Es ist Zeit für einen Präriegeburtstag, und in einer Ecke dieses Friedhofs wohnt ein Überlebender dieser einst wichtigen und großen Feiern.

Es ist ein gewöhnlicher Friedhof, umpflanzt mit den üblichen Fichten, übersät mit den üblichen Grabsteinen aus rosa Granit oder weißem Marmor und jeder mit dem üblichen Sonntagsstrauß von roten oder rosa Geranien geschmückt. Seine Besonderheit besteht nur darin, daß er dreieckig statt quadratisch ist und im spitzen Winkel der Einfriedung ein kleines Stück ursprünglicher Prärie beherbergt, auf der dieser Friedhof in den 1840er Jahren errichtet worden war. Bis heute unerreicht von Sense oder Mäher, gebiert dieses Landstück ursprünglichen Wisconsins jedes Jahr im Juli einen mannshohen Stengel der Kompaßpflanze, des sägezahnblättrigen *Silphium*. Sie ist voller untertassengroßer gelber Blüten ähnlich denen der Sonnenblume. Sie ist die einzige Pflanze ihrer Art an dieser Straße und vielleicht auch die einzige in der westlichen Hälfte unseres Bezirks. Wie tausend Morgen silphiumbestandener Prärie aussahen, wenn sie die Bäuche der Bisons kitzelten, ist eine Frage, die wohl nie wieder beantwortet und vielleicht nicht einmal mehr gestellt werden wird.

In diesem Jahr fand ich das Silphium erstmals am 24. Juli blühend vor, eine Woche später als gewöhnlich; in den letzten sechs Jahren hatte es immer ungefähr am 15. Juli zu blühen begonnen.

Als ich am 3. August wieder an dem Friedhof vorbeikam, hatten Straßenarbeiter die Einfriedung entfernt und das Silphium niedergemäht. Jetzt ist es einfach, die Zukunft vorherzusagen; einige Jahre

lang wird mein Silphium vergeblich versuchen, über die Mähmaschine hinauszuwachsen, und dann wird es sterben. Mit ihm wird die
Prärieepoche zu Ende gehen.

Die Straßenbehörde sagt, daß in den drei Sommermonaten, während denen das Silphium blüht, alljährlich 100 000 Autos die Straße
befahren. In ihnen sitzen mindestens 100 000 Leute, die in der Schule
einmal »gelernt« haben, was man Geschichte nennt, und vielleicht
25 000, die »gelernt« haben, was man Botanik nennt. Doch ich
bezweifle, daß auch nur ein Dutzend von ihnen das Silphium gesehen
hat, und kaum einer von diesen wird dessen Ableben bemerken.
Würde ich dem Pfarrer der anliegenden Kirche erzählen, daß die
Straßenarbeiter auf seinem Friedhof mit dem Mähen des Unkrauts
Geschichtsbücher verbrannt haben, würde er erstaunt und verständ-
nislos reagieren. Wie kann Unkraut ein Buch sein?

Dies ist eine kleine Episode des Begräbnisses der heimischen Pflanzenwelt, die ihrerseits eine Episode des Begräbnisses der Flora der
Welt ist. Der mechanisierte Mensch hat die Flora vergessen und ist
stolz auf seinen Fortschritt beim Säubern der Landschaft, in der er
wohl oder übel seine Tage beschließen muß. Vielleicht wäre es weise,
ab sofort jegliches Lehren wirklicher Botanik und wirklicher Geschichte zu verbieten, damit nicht eines Tages ein Bürger Gewissens-
qualen ausstehen muß ob des Preises der Blumenwelt, mit dem er für
sein gutes Leben bezahlt.

So kommt es, daß die Umgebung von Farmen als um so besser gilt,
je ärmlicher ihre natürliche Pflanzenwelt ist. Meine eigene Farm
habe ich ausgewählt, weil ihr genau dieser »Qualitätsmaßstab« fehlt
und es in ihrer Umgebung keine Autostraßen gibt; tatsächlich liegt
meine ganze Nachbarschaft unberührt von der Strömung des großen
Flusses Fortschritt. Meine Straße ist die ursprüngliche Wagenspur
der Pioniere, ohne Bankette oder Befestigung, unberührt von Kehr-
maschinen oder Erdbaggern. Meine Nachbarn bringen den Kreisbe-
amten zum Seufzen. Entlang ihrer Zäune wird jahrelang nicht
gemäht. Ihre Marschen sind ohne Deich oder Drainage. Vor die Wahl
zwischen Angeln oder Fortschritt gestellt, sind sie geneigt, das
Angeln vorzuziehen. So ist mein floraler Lebensstandard an Wochenenden der der Hinterwälder, während ich mich an Werktagen so gut

wie möglich an die Flora der Universitätsfarmen, des Universitätsgeländes und der angrenzenden Vororte halte. Zum Zeitvertreib habe ich einmal während eines ganzen Jahrzehnts aufgezeichnet, wie viele Wildpflanzenarten in diesen beiden verschiedenen Gegenden zuerst blühten:

Erstmals blühend im	Vororte und Universitätsgelände	Hinterwaldfarm
April	14	26
Mai	29	59
Juni	43	70
Juli	25	56
August	9	14
September	0	1
Summe der visuellen Kost	120	226

Es ist offensichtlich, daß das Auge des Hinterwaldfarmers fast doppelt so gut bedient wird wie das des Studenten oder Geschäftsmannes. Doch noch keiner von ihnen nimmt seine Flora wirklich wahr, so daß wir vor den beiden bereits erwähnten Alternativen stehen: entweder die fortgesetzte Blindheit des Volkes zu tolerieren, oder der Frage nachzugehen, ob wir nicht beides, Fortschritt und Flora, haben können.

Der Rückgang in der Flora Wisconsins wird verursacht von einer Kombination aus Flurbereinigung, Waldweide und guten Straßen. Jede dieser notwendigen Veränderungen erfordert natürlich eine stärkere Reduzierung des Landes, das den Wildpflanzen zur Verfügung steht, aber keine erfordert die Ausrottung von Arten auf Farmen, in Ortschaften oder Landkreisen oder zieht Nutzen daraus. Auf jeder Farm gibt es ungenutzte Stellen, und entlang jeder Autostraße findet sich ein ungenutzter Streifen. Haltet Kühe, Pflug und Mähmaschine von diesen ungenutzten Stellen fern, und die ganze einheimische Flora sowie Dutzende blinder Passagiere aus anderen Gegenden könnten zur normalen Umgebung jedes Bürgers gehören.

Ironischerweise weiß der bedeutendste Konservator der Prärie-flora wenig über derartige Nichtigkeiten, und noch weniger kümmern sie ihn: Ich meine die Eisenbahn mit ihrem eingezäunten Wegerecht. Viele dieser Eisenbahnzäune wurden errichtet, bevor die Prärie umgepflügt worden war. Innerhalb dieser geradlinigen Reservate versprüht die Prärieflora noch immer ihren Farbkalender, von der rosa Riesenzyklame im Mai bis zur blauen Aster im Oktober, unberührt von Schlacken, Ruß und jährlichen Säuberungsfeuern. Ich habe mir lange gewünscht, einen hartgesottenen Eisenbahnpräsidenten mit dem leibhaftigen Beweis seiner Gutherzigkeit zu konfrontieren. Ich habe es nicht getan, weil ich bisher noch keinem begegnet bin.

Selbstverständlich verwenden die Eisenbahnen Flammenwerfer und chemische Spritzmittel, um die Gleise von Unkraut freizuhalten, aber die Kosten für diese aufwendigen Räumungsarbeiten sind noch zu hoch, um sie weiter über den eigentlichen Gleisbereich hinaus auszudehnen. Vielleicht blühen uns weitere Verbesserungen.

Die Ausrottung menschlicher Völker geht großenteils schmerzlos vor sich – für uns –, wenn wir nur wenig genug von ihnen wissen. Ein toter Chinese hat wenig Bedeutung für uns, deren Kenntnis des Chinesischen sich auf eine gelegentliche Mahlzeit von *Chow Mein* beschränkt. Wir trauern nur um das, was wir kennen. Die Ausrottung von Silphium im westlichen Dane County ist kein Grund zur Trauer, wenn man es nur als einen Namen aus einem Botanikbuch kennt.

Silphium wurde für mich erstmals zu einer Persönlichkeit, als ich versuchte, eines auszugraben, um es auf meine Farm zu bringen. Es war, als würde man eine Jungeiche ausgraben. Nach einer halben Stunde schweißtreibender Schmutzarbeit verbreitete sich die Wurzel immer noch – wie eine riesige vertikale Süßkartoffel. Soweit ich mich erinnere, ging diese Silphiumwurzel glatt durch bis zum Grundgestein. Ich bekam kein Silphium, aber ich erfuhr, durch welche vollendete unterirdische Strategie das Silphium es fertigbringt, die Dürrezeiten der Prärie zu überstehen.

Als nächstes pflanzte ich Silphium-Samen, die groß und fleischig sind und wie Sonnenblumenkerne schmecken. Sie gingen prompt auf, aber nach fünf Jahren des Wartens sind die Sämlinge noch immer im Jugendstadium und haben noch keine Blüten getragen. Vielleicht dauert es bei einer Silphiumpflanze ein Jahrzehnt, bis sie zu blühen beginnt; wie alt war dann meine Lieblingspflanze auf dem Friedhof? Sie könnte älter gewesen sein als der älteste Grabstein, der von 1850 datiert. Vielleicht sah sie die flüchtenden Black Hawk-Indianer beim Rückzug von den Madison-Seen zum Wisconsin River; immerhin stand sie am Wege dieses berühmten Marsches. Bestimmt sah sie die Reihe der Beerdigungen der örtlichen Pioniere, wie sie, einer nach dem anderen, ihre letzte Ruhestätte unter dem Bartgras fanden.

Einmal sah ich, wie ein Löffelbagger beim Ausheben eines Straßengrabens die »Süßkartoffel«-Wurzel einer Silphiumpflanze durchtrennte. Die Wurzel trieb bald neue Blätter, und schließlich wuchs ihr wieder ein Blütenstengel. Das erklärt, warum diese Pflanze, die nie in Neuland eindringt, dennoch mitunter an kürzlich begradigten Straßenrändern zu sehen ist. Einmal gewachsen, widersteht sie fast jeder Verstümmelung außer fortgesetztem Grasen, Mähen oder Pflügen.

Warum verschwindet Silphium von Weideflächen? Ich sah einmal, wie ein Farmer seine Kühe auf eine jungfräuliche Prärieswiese trieb, die zuvor nur hin und wieder zum Mähen von Wildheu genutzt worden war. Bevor überhaupt eine andere Pflanze sichtbar angeknabbert war, hatten die Kühe das Silphium bis zum Boden abgefressen. Man kann sich gut vorstellen, daß der Bison einst dieselbe Vorliebe für Silphium hatte, aber er mußte sich keinen Zaun gefallen lassen, der sein Grasen den ganzen Sommer über auf eine Weide beschränkte. Kurz gesagt, der Bison weidete nicht ununterbrochen am selben Platz und war deshalb für das Silphium erträglich.

Eine gütige Vorsehung hat das Gefühl für Geschichte von den Tausenden von Tier- und Pflanzenarten ferngehalten, die einander vernichtet haben, um die heutige Welt zu bilden. Dieselbe gütige Vorsehung hält dieses Geschichtsgefühl nun von uns fern. Wenige trauerten, als der letzte Bison Wisconsin verlassen hatte, und wenige werden trauern, wenn ihm das letzte Silphium zu den saftigen Prärien in den ewigen Jagdgründen gefolgt ist.

Die grüne Weide

Manche Gemälde werden berühmt – da von Bestand –, weil sie von vielen aufeinanderfolgenden Generationen gesehen werden, in denen sich vermutlich jeweils ein paar verständnisvolle Betrachter finden.

Ich hingegen kenne ein derart vergängliches Bild, daß es selten überhaupt nur wahrgenommen wird, außer von einigen umherstreifenden Hirschen. Ein Fluß führt den Pinsel, und derselbe Fluß verwischt das Gemälde auch wieder, bevor ich meine Freunde herbeibringen kann, um mit ihnen sein Werk zu bewundern. Es kann dann nur noch vor meinem geistigen Auge bestehen.

Wie viele Künstler, ist mein Fluß launisch; man kann nicht vorhersagen, wann ihn die Stimmung zu malen überkommt oder wie lange sie anhält. Aber im Mittsommer, wenn die große weiße Flotte an den makellos schönen Tagen über den Himmel zieht, lohnt es sich, zu den Sandbänken hinunter zu spazieren, um nachzusehen, ob er bei der Arbeit war.

Das Werk beginnt mit einem breiten Band von Schlamm, das dünn über den Sand einer zurückweichenden Uferlinie gepinselt wird. Während der Schlamm langsam in der Sonne trocknet, baden Goldzeisige in seinen Pfützen, und Weißwedel, Reiher, Regenpfeifer, Waschbären und Schildkröten überziehen ihn mit einem Netz von Fährten. In diesem Stadium läßt sich noch nicht beurteilen, ob mehr daraus wird.

Aber wenn ich sehe, wie das Schlammbad grün wird von Sumpfbinse, beginne ich sehr genau zu beobachten, denn das ist das Zeichen, daß der Fluß in Malstimmung ist. Fast über Nacht werden die Binsen zu einem dicken Rasen, so saftig und dicht, daß die Wiesenmäuse vom angrenzenden Oberland der Versuchung nicht widerstehen können. Sie ziehen scharenweise zu der grünen Weide und

67

verbring offenbar die Nächte damit, ihre Rippen an ihrer samtigen Tiefe zu reiben. Ein Labyrinth von säuberlichen Mäusepfaden verrät ihre Begeisterung. Die Hirsche gehen darin auf und ab, anscheinend nur aus Freude, es unter den Schalen zu fühlen. Selbst der häusliche Maulwurf hat seinen Tunnel durch die trockene Sandbank zu dem Binsenband gegraben, wo er die grüne Rasendecke nach Herzenslust hochheben und aufbuckeln kann.

In dieser Phase werden die Keimlinge von Pflanzen, die zu zahlreich zum Zählen und zu jung zum Bestimmen sind, in dem feuchten warmen Sand unter dem grünen Band lebendig.

Um das Gemälde zu genießen, laß dem Fluß noch drei Wochen Einsamkeit und gehe dann eines schönen Morgens zur Sandbank, gleich nachdem die Sonne den Nebel der Morgendämmerung geschmolzen hat. Der Künstler hat nun seine Farben aufgetragen und mit Tau fixiert. Der Binsenrasen, grüner denn je, ist jetzt übersät mit blauen Gauklerblumen, rosa Drachenkopf und den milchweißen Blüten von Pfeilkraut. Hier und da stößt eine Kolibriblume ihren roten Speer gen Himmel. Am oberen Ende der Sandbank stehen lila Herbstkornblumen und fahlrosa Wasserdost aufrecht vor der Weidenwand. Und wenn du leise und bescheiden gekommen bist, wie du zu jedem Flecken kommen solltest, der nur einmal so schön sein kann, wirst du vielleicht ein fuchsrotes Weißwedel überraschen, wie es knietief in seinem Paradiesgarten steht.

Kehre nicht zurück, um die grüne Weide ein zweites Mal zu betrachten, denn es wird keine mehr da sein. Entweder hat sie der fallende Wasserstand ausgetrocknet, oder steigendes Wasser hat die Sandbank zu ihrer ursprünglichen Herbheit sauberen Sandes geschwemmt. Aber in deiner Erinnerung kannst du das Bild halten und hoffen, daß in irgendeinem anderen Sommer der Fluß wieder in Malstimmung sein wird.

Das Chordickicht

Im September erfährt der Tagesanbruch nur wenig Unterstützung durch die Vogelwelt. Eine Singammer mag vereinzelt einen halbherzigen Gesang von sich geben, die Waldschnepfe vielleicht droben auf dem Weg zu ihrem Tagesdickicht zwitschern, ein Streifenkauz mag den nächtlichen Streit mit einem letzten unentschlossenen Ruf beenden, aber sonst haben nur wenige andere Vögel etwas zu sagen oder zu singen.

An manchen, nicht an allen dieser nebligen Tagesanbrüche im Herbst kann man den Chor der Wachteln hören. Die Stille wird plötzlich von einem Dutzend Altstimmen unterbrochen, die ihr Lob auf den kommenden Tag nicht länger zurückhalten können. Nach ein oder zwei kurzen Minuten bricht die Musik so plötzlich ab, wie sie begonnen hat.

Der Gesang verborgener Vögel hat einen besonderen Reiz. Singvögel, die von den höchsten Ästen schmettern, sind leicht zu sehen und ebenso leicht vergessen; sie haben die Mittelmäßigkeit des Offensichtlichen. Woran man sich erinnert, ist die Einsiedlerdrossel, die silberne Akkorde aus undurchdringlichen Schatten fließen läßt; der schwebende Kranich, der hinter einer Wolke trompetet; das Präriehuhn, dessen Balzlaute aus den Nebeln des Nirgendwo kommen; das Ave Maria der Wachtel in der Stille der Dämmerung. Kein Naturforscher hat den Chor jemals in Aktion gesehen, weil sich das Wachtelvolk noch auf seinem unsichtbaren Schlafplatz im Gras befindet und jeder Näherungsversuch zu Schweigen führt.

Im Juni ist es genau vorhersagbar, daß die Wanderdrossel zu singen beginnt, wenn die Lichtintensität 0,01 Candela erreicht und sich die Stimmen der übrigen Sänger in überschaubarer Reihenfolge anschließen. Im Herbst dagegen ist die Wanderdrossel still, und es ist nicht vorhersehbar, ob der Wachtelchor überhaupt stattfinden wird.

Die Enttäuschung, die ich an solch einem Morgen der Stille empfinde, zeigt vielleicht, daß Dinge, die man sich erhofft, einen größeren Wert haben als solche, die einem sicher sind. Die Hoffnung, Wachteln zu hören, lohnt es, ein halbes dutzendmal im Dunkeln aufzustehen.

Mein Farmgelände beherbergt im Herbst immer ein oder mehrere Wachtelvölker, aber der Choral zum Tagesanbruch kommt gewöhnlich aus der Ferne. Ich glaube, das hat seinen Grund darin, daß die Wachteln gerne so weit wie möglich vom Hofhund entfernt übernachten, da dessen Interesse an ihnen noch glühender ist als mein eigenes. In einer Morgendämmerung im Oktober jedoch, als ich meinen Kaffee am Feuer im Freien schlürfte, brach der Chorgesang kaum einen Steinwurf entfernt los. Sie hatten im Dickicht einer Weymouthskiefer übernachtet, vielleicht um bei dem starken Tau trocken zu bleiben.

Wir fühlten uns geehrt durch diese Hymne zum Tagesanbruch, die fast vor unserer Tür angestimmt wurde. Mir schien, daß die herbstlich-blauen Nadeln dieser Kiefern von da an noch blauer und der rote Teppich aus Ackerbeeren unter ihnen noch intensiver leuchteten.

Rauchfarbenes Gold

Es gibt zwei Arten von Jagd: die normale Jagd und die Jagd auf Kragenhühner.

Es gibt zwei Orte, um Kragenhühner zu jagen: normale Reviere und Adams County.

Es gibt zwei Zeiten, um in Adams County zu jagen: normale Zeiten und Zeiten, in denen die Lärchen rauchgoldfarben sind. Dies ist geschrieben für jene Glücklosen, die niemals mit leerer Flinte und offenem Mund dastanden und die goldenen Nadeln herunterrieseln sahen, während die gefiederte Rakete, die ihr Rieseln auslöste, unversehrt in den Banks-Kiefern verschwindet.

Die Lärchen wechseln ihre Farbe von grün zu gelb, wenn die ersten Fröste Waldschnepfen, Fuchsammern und Junkos aus dem Norden gebracht haben. Scharen von Wanderdrosseln holen die letzten weißen Beeren aus den Hartriegelbüschen und hinterlassen die leeren Zweige wie rosa Schleier vor den Hügeln. Die Erlen am Bach haben ihre Blätter abgeworfen und geben hier und da den Blick auf Stechpalmen frei. Brombeeren leuchten und weisen euch den Weg zu den Kragenhühnern.

Der Hund kennt die Richtung zu den Kragenhühnern noch besser. Ihr tut gut, wenn ihr ihm dichtauf folgt und von der Stellung seiner Ohren die Geschichte ablest, die das Lüftchen ihm erzählt. Wenn er schließlich stocksteif steht und mit einem Seitenblick sagt: »So, fertig«, lautet die Frage: Fertig wofür? Für eine schnurrende Waldschnepfe oder das Rauschen eines abstreichenden Kragenhuhns oder vielleicht nur für ein Kaninchen? In diesem Augenblick der Ungewißheit liegt ein Großteil des Reizes der Jagd auf das Kragenhuhn. Wer unbedingt wissen muß, womit er zu rechnen hat, soll lieber Fasanen jagen.

Erst in den letzten Jahren hören wir,
daß Raubtiere zur Lebensgemeinschaft gehören
und daß kein Sonderinteresse uns berechtigt,
sie zugunsten eines wirklichen
oder eingebildeten Vorteils
auszurotten.

Robert Bateman
1973

Jagden sind von unterschiedlichem Reiz, und die Gründe dafür sind subtiler Natur. Die schönsten Jagden sind die »gestohlenen«, und um die zu finden, muß man entweder weit in die Wildnis hineingehen, wo noch keiner gewesen ist, oder einen unentdeckten Platz unter jedermanns Nase finden.

Nur wenige Jäger wissen, daß es in Adams County Kragenhühner gibt, denn wenn sie durchfahren, sehen sie lediglich Ödland mit Banks-Kiefern und Krüppeleichen. Das kommt daher, daß die Autostraße eine Reihe westwärts fließender Bäche kreuzt, von denen jeder aus einem Sumpf kommt, aber zum Fluß hin durch trockenes Sandland abfällt. Natürlich führt die Autostraße durch diese morastlosen Sandgebiete nach Norden. Aber östlich oberhalb von ihr und direkt hinter einem Schutzschirm trockenen Gebüschs erweitert sich jedes Bachbett zu einem breiten Streifen von Sumpfland: für Kragenhühner ein wahrhaftiger Himmel.

Wenn es Oktober wird, sitze ich hier in der Abgeschiedenheit meiner Lärchen und höre die Wagen der Jäger die Straße hinaufbrausen, erpicht auf die nördlichen Landbezirke, wo es schon von Jägern wimmelt. Ich freue mich diebisch, wenn ich mir ihre tanzenden Tachometernadeln, ihre verkniffenen Gesichter, ihre begierigen, am nördlichen Horizont klebenden Augen vorstelle. Im Lärm ihres Passierens trommelt ein Kragenhahn seinen Hohn. Mein Hund grinst, als wir seine Richtung ausmachen. Der Bursche, sind wir uns einig, braucht etwas Bewegung; wir werden sofort nach ihm sehen.

Die Lärchen wachsen nicht nur im Sumpf, sondern auch am Fuße des angrenzenden Hochlandes, wo Quellen entspringen. Jede Quelle ist mit Moos überwuchert, das sumpfige Terrassen bildet. Ich nenne diese Terrassen die Hängenden Gärten, weil die gefransten Enziane aus diesem durchweichten Boden blaue Juwelen hervorgezaubert haben. Ein solcher Enzian im Oktober, bestäubt von Lärchengold, verdient ein Innehalten und einen ausführlichen Blick, selbst wenn der Hund Kragenhühner voraus anzeigt.

Zwischen jedem Hängenden Garten und dem Bachufer verläuft ein moosgepolsterter Wildwechsel, dem der Jäger bequem folgen und den das aufgescheuchte Kragenhuhn überqueren kann – im Bruchteil einer Sekunde. Offen ist, ob Vogel und Flinte darin übereinstimmen, wie die Sekunde aufzuteilen ist. Tun sie das nicht, findet der nächste vorüberkommende Weißwedelhirsch ein paar leere Patronenhülsen zum Beschnuppern, aber keine Federn.

Weiter bachaufwärts treffe ich auf eine verlassene Farm. Das Alter der jungen Banks-Kiefern, die sich über ein altes Feld verbreiten, zeigt, wie lange es her ist, seit der glücklose Farmer herausfand, daß Sandebenen Abgeschiedenheit hervorbringen, aber keinen Mais. Banks-Kiefern erzählen dem Unvorsichtigen Lügen, weil sie jedes Jahr mehrere Zweigquirle statt nur eines einzigen ansetzen. Ein besserer Zeitmesser ist der Ulmensämling, der jetzt das Scheunentor blockiert. Seine Ringe reichen zurück auf die Dürre von 1930. Seit diesem Jahr hat kein Mensch mehr Milch aus dieser Scheune getragen.

Ich überlege, woran diese Familie wohl dachte, als ihre Hypothek schließlich schneller wuchs als ihre Ernten und damit das Signal für ihre Vertreibung gab. Viele Gedanken fliegen wie Kragenhühner dahin und hinterlassen keine Fluchtspuren, andere hinterlassen Eindrücke, die die Jahrzehnte überdauern. Derjenige, der in einem unvergessenen April diesen Flieder gepflanzt hat, muß sich auf zukünftige Aprilblüten gefreut haben. Diejenige, die einmal dieses alte Waschbrett benutzt hat, dessen gewelltes Metall an vielen Montagen dünn geschrubbt wurde, mag sich das Ende aller Montage herbeigewünscht haben, und zwar bald.

Solchen Fragen nachhängend, werde ich gewahr, wie der Hund unten bei der Quelle lange Minuten geduldig vorsteht. Ich folge ihm und entschuldige mich für meine Unaufmerksamkeit. Eine Waldschnepfe schwebt davon, wie eine Fledermaus, ihre lachsfarbene Brust durchtränkt von der Oktobersonne. Die Jagd ist dahin.

An einem solchen Tag ist es schwer, die Kragenhühner im Sinn zu behalten, weil es viel Ablenkung gibt. Ich kreuze eine Weißwedelhirschfährte im Sand und folge ihr in müßiger Neugier. Die Fährte führt geradewegs von einem Ceanothusbusch zum nächsten. Die angeknabberten Zweige zeigen, warum.

· Das erinnert mich an mein eigenes Mittagsbrot, aber ehe ich es aus meiner Jagdtasche ziehen kann, sehe ich einen kreisenden Greif hoch am Himmel, der bestimmt werden muß. Ich warte, bis er eine Schleife fliegt und seinen roten Stoß zeigt.

Wieder lange ich nach meinem Mittagsbrot, aber mein Blick fällt auf eine geschälte Pappel. Hier hat ein Weißwedelhirsch seinen juckenden Bast abgefegt. Wie lange ist das her? Das freiliegende Holz ist schon braun; daraus schließe ich, daß sein Geweih inzwischen blank sein dürfte.

Wieder lange ich nach meinem Mittagsbrot, werde aber durch einen aufgeregten Laut des Hundes und ein Knacken der Büsche im Sumpf unterbrochen. Ein Hirsch springt heraus, Wedel erhoben, glänzendes Geweih, sein Fell leicht bläulich. Ja, die Pappel erzählte die Wahrheit.

Diesmal bekomme ich das Mittagsbrot ganz heraus und setze mich zum Essen nieder. Eine Schwarzkopf-Meise beobachtet mich und denkt offensichtlich gerne an ihr eigenes Mittagessen zurück. Sie sagt nicht, was sie gegessen hat, vielleicht waren es kalte, aufgedunsene Ameiseneier oder ein anderes Vogeläquivalent für kaltes, gebratenes Kragenhuhn.

Nach dem Essen betrachte ich eine Phalanx junger Lärchen, die ihre goldenen Lanzen himmelwärts stoßen. Unter jeder von ihnen sind die gestrigen Nadeln zur Erde gefallen und bilden eine Decke von rauchfarbenem Gold, an jeder Spitze erwartet die Knospe von morgen, vorgeformt und ausgewogen, den nächsten Frühling.

Zu früh

Zu früh das Tagwerk zu beginnen ist eine Unart von Uhus, Sternen, Gänsen und Güterzügen. Einige Jäger übernehmen sie von den Gänsen und manche Kaffeekannen von den Jägern. Es ist merkwürdig, daß bei der Vielzahl von Geschöpfen, die irgendwann am Morgen aufstehen müssen, nur diese wenigen diese angenehmste und gleichzeitig unnützeste Zeit dafür entdeckt haben sollten.

Der Orion muß der ursprüngliche Mentor der Zu-früh-Gesellschaft gewesen sein, denn er ist es, der das Zu-früh-Aufstehen signalisiert. Es ist Zeit, wenn der Orion über den westlichen Zenit etwa so weit hinaus ist, wie man bei der Jagd auf eine Blauflügelente vorhalten muß.

Frühaufsteher fühlen sich wohl miteinander, vielleicht weil sie, im Gegensatz zu den Langschläfern, dazu neigen, ihre Erfolge herunterzuspielen. Der Orion, der am weitesten Gereiste, sagt buchstäblich nichts. Die Kaffekanne untertreibt vom ersten sanften Glucksen an den Wert dessen, was in ihr steckt. Die Eule mit ihrem dreisilbigen Kommentar bagatellisiert die Geschichte ihrer nächtlichen Morde. Die Wildgans auf der Sandbank erhebt sich kurz zu einem Punkt der Tagesordnung in einer unhörbaren Gänsedebatte, ohne darauf anzuspielen, daß sie mit der Autorität aller fernen Hügel und der See spricht.

Der Güterzug ist, wie ich zugebe, hinsichtlich seiner eigenen Bedeutung kaum zurückhaltender, aber selbst er hat eine gewisse Bescheidenheit: Sein Blick richtet sich nur auf das eigene lärmende Geschäft, und niemals stürmt er das Lager anderer. Ich empfinde eine große Sicherheit ob dieser Einseitigkeit von Güterzügen.

Zu früh in der Marsch anzukommen bedeutet ein Abenteuer reinen Hörens; das Ohr kann sich nach Belieben den Geräuschen der Nacht hingeben, ohne Behinderung durch Hand oder Auge. Wenn ihr eine über ihre Suppe hörbar begeisterte Stockente wahrnehmt, dürft ihr euch zwanzig davon vorstellen, wie sie gierig in den Wasserlinsen futtern. Wenn eine Pfeifente schreit, könnt ihr von einem Geschwader ausgehen, ohne befürchten zu müssen, daß der Anblick euch später widerlegt. Und wenn eine Schar Veilchenenten, die teichwärts einfällt, die dunkle Seide des Himmels mit einem langen donnernden Sturzflug zerreißt, lauscht atemlos, denn außer Sternen ist nichts zu sehen. Bei Tageslicht müßte die gleiche Vorstellung beobachtet, beschossen, verfehlt und dann rasch mit einem Alibi versehen werden. Auch könnte das Tageslicht nichts dem Bild vor eurem geistigen Auge hinzufügen, dem Bild von schlagenden Schwingen, die das Firmament sauber in zwei Hälften teilen.

Die Stunde des Lauschens endet, wenn das Flugwild auf lautlosen Schwingen größeren und sichereren Gewässern zustrebt, jede Schar ein leichter Schatten gegen den morgengrauenden Osten.

Wie viele andere Stillhalteabkommen dauert der Vordämmerungspakt so lange, wie die Dunkelheit den Arroganten bescheiden macht. Es scheint fast, als wäre die Sonne verantwortlich für das tägliche

Verschwinden der Zurückhaltung in der Welt. Jedenfalls prahlt jeder Hahn nach Belieben, wenn die weißen Nebel über den Niederungen liegen, und jede Maisgarbe gibt vor, doppelt so groß zu sein wie jeder Mais, der jemals wuchs. Bei Sonnenaufgang übertreibt jedes Eichhörnchen jede eingebildete Beleidigung seiner Person, und jeder Blauhäher tut mit falscher Erregung Vermutungen über Gefahren für die Gesellschaft kund, die er gerade entdeckt hat. In der Ferne beschimpfen Krähen eine hypothetische Eule, nur um die Welt wissen zu lassen, wie wachsam Krähen sind, und ein Fasanenhahn, der vielleicht über seine Liebeleien vergangener Tage nachsinnt, schlägt die Luft mit seinen Flügeln und ruft der Welt eine Warnung zu, daß diese Marsch ihm gehört, einschließlich aller darin befindlicher Hennen.

Diese größenwahnsinnigen Vorstellungen sind nicht etwa nur auf Vögel und andere Tiere beschränkt. Zur Frühstückszeit kommen die Schreie der Gänse, Hupen, Rufe und Pfiffe des erwachten Bauernhofes und schließlich, am Abend, das Gedröhn eines unbeaufsichtigten Radios. Dann geht alles zu Bett, um wieder den Lehren der Nacht zu lauschen.

Rote Laternen

E ine Methode, Kragenhühner zu jagen, besteht darin, sich einen auf Logik und Wahrscheinlichkeit basierenden Plan zu machen, wie das Terrain am besten zu bejagen ist. Das bringt euch zielsicher zu dem Gelände, wo die Vögel sein *sollten*.

Eine andere Möglichkeit besteht darin, ganz ziellos von einer roten Laterne zur nächsten zu wandern. Das wird euch wahrscheinlich dahin bringen, wo die Vögel tatsächlich *sind*. Die Laternen sind Brombeerblätter, rot in der Oktobersonne.

Rote Laternen haben meinen Weg auf mancher vergnügten Jagd in mancher Gegend beleuchtet, aber ich glaube, daß Brombeeren erstmals in den sandigen Gebieten Mittel-Wisconsins gelernt haben müssen, was Glühen bedeutet. Entlang der kleinen sumpfigen Bäche dieses freundlichen Ödlands, von jenen arm genannt, deren eigenes Licht kaum flackert, brennen die Brombeeren an jedem sonnigen Tag vom ersten Frost an bis zum letzten Tag der Jagdzeit tiefrot. Jede Waldschnepfe und jedes Kragenhuhn hat sein privates Solarium unter diesem Gestrüpp. Die meisten Jäger wissen das nicht und verausgaben sich im dornlosen Buschwerk, kehren ohne Vögel nach Hause zurück und lassen uns andere in Frieden.

Mit »uns« meine ich die Vögel, den Bach, den Hund und mich. Der Bach ist träge; er schlängelt sich zwischen den Erlen, als würde er lieber verharren, als den Fluß zu erreichen. Mir geht es genau so. Jede seiner durch die Haarnadelkurven angedeuteten Unschlüssigkeiten bedeutet, daß noch viel mehr Bachufer mit Brombeergestrüpp an sumpfige Beete gefrorener Farne und Springkraut am schlammigen Grund angrenzen. Kein Kragenhuhn kann einem solchen Ort lange fernbleiben, und ich kann es ebenfalls nicht. So ist die Kragenhuhnjagd ein Spaziergang am Bach entlang, gegen den Wind, von einem Brombeergestrüpp zum nächsten.

Wenn der Hund sich dem Gestrüpp nähert, schaut er zurück, um sicher zu gehen, daß ich in Schußweite bin. Beruhigt rückt er mit verstohlener Behutsamkeit vor und filtert mit seiner feuchten Nase hundert Gerüche aus – um dieses einen willen, dessen mögliches Vorhandensein der ganzen Landschaft Leben und Bedeutung gibt. Er ist der Schürfer der Luft, der beständig nach der Ader mit dem Geruchsgold sucht. Kragenhuhnduft ist der Goldstandard, der seine Welt mit der meinen verbindet.

Übrigens glaubt mein Hund, daß ich noch viel über Kragenhühner zu lernen habe, und da ich von Beruf Naturforscher bin, gebe ich ihm recht. Hartnäckig und mit der Ruhe und Geduld eines Professors der Logik erzieht er mich in der Kunst, aus einer gebildeten Nase Schlüsse zu ziehen. Allzu gerne sehe ich ihm zu, wie er beim Vorstehen eine Schlußfolgerung aus Informationen zieht, die für ihn offenkundig, für mein unbeholfenes Auge aber spekulativ sind. Vielleicht hofft er, sein dummer Schüler werde eines Tages das Riechen lernen.

Wie andere dumme Schüler weiß ich, wann der Lehrer recht hat, auch wenn ich nicht weiß, wieso. Ich überprüfe meine Flinte und gehe los. Wie jeder gute Lehrer lacht der Hund nicht, wenn ich vorbeischieße, was oft vorkommt. Er wirft mir nur einen langen Blick zu und geht weiter bachaufwärts auf der Suche nach einem anderen Kragenhuhn.

Wenn man einem dieser Ufer folgt, bewegt man sich in zwei Landschaften – der Hügelseite, von der aus man jagt, und der Talseite, in der der Hund jagt. Das Laufen auf dem weichen, trockenen Teppich von Bärlapp, um Vögel aus dem Sumpf zu scheuchen, hat einen besonderen Zauber, und der erste Test für einen Hühnerhund ist seine Bereitwilligkeit, die nasse Arbeit zu übernehmen, während man selbst parallel zu ihm auf dem trockenen Ufer geht.

Ein besonderes Problem entsteht, wenn sich der Erlengürtel verbreitert und der Hund außer Sicht gerät. Eile sofort zu einem kleinen Hügel oder einer Landzunge, wo du stocksteif stehenbleibst und Auge und Ohr anstrengst, um dem Hund zu folgen. Ein plötzliches Auseinanderstieben von Weißkehlammern kann seinen Standort verraten. Es kann auch sein, daß du hörst, wie er einen Zweig bricht oder im Nassen plantscht oder in den Bach plumpst. Aber wenn es absolut still wird, sei bereit, sofort einzugreifen, denn wahrscheinlich steht er vor. Jetzt lausche auf das glucksende Geräusch, das ein verängstigtes Kragenhuhn unmittelbar vor dem Auffliegen von sich gibt. Dann saust der Vogel raus, oder vielleicht zwei – ich habe bis zu sechs erlebt, einer nach dem anderen glucksend und auffliegend, jeder hoch dahinsegelnd zu seinem Ziel im Hochland. Ob man in Schußweite steht, ist natürlich Glücksache – wenn ihr Zeit habt, könnt ihr die Chance berechnen: 360 Grad geteilt durch 30, oder welchen Radius eine Flinte abdeckt. Teilt wieder durch 3 oder 4, das ist eure Fehlquote, und ihr habt die Wahrscheinlichkeit der tatsächlichen Federn am Jägerhut.

Die zweite Prüfung für einen guten Hühnerhund besteht darin, ob er nach einem solchen Zwischenfall für neuerliche Anweisungen zur Stelle ist. Setzt euch nieder und besprecht es mit ihm, während er hechelt. Dann sucht die nächste rote Laterne und jagt weiter.

Die Oktoberbrise bringt meinem Hund noch viele weitere Düfte als nur die der Kragenhühner, und jeder von ihnen kann zu eigenen, besonderen Erlebnissen führen. Wenn der Hund mit einer gewissen humorigen Ohrstellung vorsteht, weiß ich, daß er ein Kaninchen in der Sasse gefunden hat. Einmal brachte ein todernstes Vorstehen keinen Vogel, dennoch stand der Hund wie angewurzelt; in einem Seggen-Buschen, unter seiner Nase, schlief ein fetter Waschbär, der sich seinen Anteil an der Oktobersonne holte. Wenigstens einmal bei jeder Jagd stellt der Hund einen Skunk, für gewöhnlich in einem außerordentlich dichten Brombeergebüsch. Einmal stand der Hund in der Flußmitte vor; ein Schwirren von Schwingen flußaufwärts, gefolgt von drei melodischen Rufen, sagte mir, daß er das Abendessen einer Brautente gestört hatte. Nicht selten findet er Bekassinen in stark mit Weideland durchsetzten Erlenbeständen, und schließlich mag er ein Weißwedel heraushetzen, das sich für den Tag auf einem hohen, von Erlensumpf flankierten Flußufer niedergelassen hatte. Hat das Weißwedelwild eine poetische Schwäche für singende Wasser oder eine zweckmäßige Vorliebe für ein Lager, dem sich keiner geräuschlos nähern kann? Nach dem ungehaltenen Schlagen seines großen weißen Wedels zu urteilen, könnte jedes davon zutreffen, oder auch beides.

Fast alles kann passieren zwischen einer roten Laterne und der nächsten.

Bei Sonnenuntergang am letzten Tag der Jagdzeit auf Kragenhühner löscht jeder Brombeerestrauch sein Licht. Ich verstehe nicht, wie ein einfacher Busch so unfehlbar über die Jagdgesetze von Wisconsin Bescheid wissen kann, bin aber auch niemals am nächsten Tag zurückgegangen, um es herauszufinden. Während der folgenden elf Monate glühen die Laternen nur in der Erinnerung. Manchmal denke ich, daß die anderen Monate lediglich ein passendes Intermezzo zwischen zwei Oktobern sind, und ich habe den Verdacht, daß Hunde, und vielleicht auch Kragenhühner, diese Ansicht teilen.

Wenn ich der Wind wäre

Der im Novembermais musizierende Wind hat es eilig. Die Stengel summen, die losen Hülsen fegen in spielerischen Wirbeln himmelwärts, und der Wind eilt weiter.

In der Marsch gleiten lange Windwellen über den grasbedeckten Sumpf und schlagen gegen die Weiden in der Ferne. Ein Baum versucht, Einwände zu machen, und winkt mit den kahlen Ästen, aber nichts hält den Wind auf.

Auf der Sandbank gibt es nur Wind und den seewärts gleitenden Fluß. Jedes Grasbüschel malt Kreise auf den Sand. Ich wandere über die Sandbank zu einem Treibholzstamm, setze mich nieder und lausche dem weltbewegenden Tosen und dem Anschlagen kleiner Wellen am Ufer. Der Fluß ist ohne Leben: keine Ente, kein Reiher, keine Kornweihe, keine Möwe. Alle haben sie vor dem Wind Schutz gesucht.

Aus den Wolken höre ich ein schwaches Gebell, wie von einem weit entfernten Hund. Es ist eigenartig, wie die Welt bei diesem Laut neugierig die Ohren spitzt. Bald wird er lauter: der Ruf der Wildgänse, unsichtbar, aber näherkommend.

Der Zug taucht aus den niedrigen Wolken auf, ein zerfetztes Banner aus Vögeln, die auf- und niedersteigen, hinauf- und hinab-, zusammen- und auseinandergeweht werden, aber doch beständig vorankommen, während der Wind liebevoll mit jeder schlagenden Schwinge ringt. Wenn die Schar nur noch ein Fleck am fernen Himmel ist, höre ich den letzten Ruf, den Zapfenstreich des Sommers.

Hinter der Wand aus Treibholz ist es jetzt wieder warm, denn der Wind ist mit den Wildgänsen fortgezogen. Das würde ich auch getan haben – wenn ich der Wind wäre.

Die Axt in der Hand

Der Herr gibt, und der Herr nimmt, aber Er ist nicht mehr der einzige, der das tut. Als einer unserer weit entfernten Vorfahren die Schaufel erfand, wurde er zum Gebenden: er konnte nun einen Baum pflanzen. Und als die Axt erfunden wurde, wurde er zum Nehmenden: er konnte ihn fällen. So hat jeder Landbesitzer, bewußt oder unbewußt, die göttlichen Funktionen übernommen, Pflanzen zu schaffen und zu zerstören. Andere, nicht so weit entfernte Vorfahren haben seither weitere Werkzeuge erfunden, aber jedes davon erweist sich bei näherer Betrachtung entweder als eine Vervollkommnung von oder als ein Beiwerk zu dem ursprünglichen Paar Grundwerkzeuge. Wir teilen uns selber in Berufe ein, bei denen man entweder ein bestimmtes Werkzeug handhabt oder es verkauft, repariert, schärft oder einen Rat erteilt, wie das gemacht wird; durch diese Arbeitsteilung entgehen wir der Veranwortung für den Mißbrauch jeglichen Werkzeugs, außer unserem eigenen. Aber ein Berufener – der Philosoph – weiß, daß alle Menschen durch ihre Gedanken und Wünsche letztendlich Werkzeuge handhaben. Er weiß, daß die Menschheit mit der Art, wie sie denkt und wünscht, bestimmt, ob es sich lohnt, überhaupt welche zu handhaben.

Der November ist aus vielerlei Gründen der Monat für die Axt. Es ist warm genug, um eine Axt zu schärfen, ohne zu frieren, aber kalt genug, um bequem einen Baum zu fällen. Die Blätter sind von den Laubbäumen abgefallen, so kann man die Verzweigung des Geästs sehen und was davon im letzten Sommer gewachsen ist. Ohne diese klare Sicht in die Baumkronen wüßte man nicht sicher, welcher der Bäume, wenn überhaupt einer, zum Nutzen des Landes gefällt werden sollte.

Ich habe viele Definitionen darüber gelesen, was ein Naturschützer ist, und nicht wenige selbst geschrieben, aber ich vermute, die beste wird nicht mit der Feder, sondern mit der Axt geschrieben. Es kommt darauf an, was einer denkt, während er hackt oder während er entscheidet, was er schlagen will. Naturschützer ist derjenige, der sich in Demut bewußt ist, daß er mit jedem Schlag der Axt seine Unterschrift auf das Antlitz seiner Erde setzt. Natürlich sehen Unterschriften verschieden aus, ob nun mit der Axt oder mit der Feder gegeben, und das sollte auch so sein. Es beängstigt mich, die Gründe hinter meinen eigenen Entscheidungen mit der Axt in der Hand ex post facto zu analysieren. Zunächst finde ich, daß nicht alle Bäume frei und gleich-berechtigt erschaffen sind. Wo eine Weymouthskiefer und eine Rot-birke einander bedrängen, bin ich voreingenommen; ich schlage stets die Birke zugunsten der Kiefer. Warum?

Nun, erstens habe ich die Kiefer mit meiner Schaufel gepflanzt, während die Birke unter dem Zaun hindurchkroch und sich selbst gepflanzt hat. So ist meine Voreingenommenheit in gewisser Weise väterlich, aber das kann nicht alles sein, denn wenn die Kiefer ein natürlicher Sämling wäre wie die Birke, würde ich sie noch höher schätzen. Also muß ich tiefer schürfen, um die Logik, die hinter meinem Vorurteil steckt, zu erkennen – wenn es denn eine gibt.

Die Birke ist ein häufig vorkommender Baum in meiner Gegend, und sie wird immer häufiger, während die Kiefer selten ist und immer seltener wird; vielleicht begünstigt meine Vorliebe den Benachteilig-ten. Aber was würde ich tun, wenn meine Farm weiter nördlich gelegen wäre, wo es viele Kiefern und wenige Birken gibt? Ich gebe zu, ich weiß es nicht. Meine Farm ist hier.

Die Kiefer lebt ein Jahrhundert lang, die Birke nur halb so lang; befürchte ich, meine Unterschrift könnte verbleichen? Meine Nach-barn haben keine Kiefern gepflanzt, aber sie alle haben viele Birken; bin ich ein Snob, weil ich ein deutlich anderes Waldstück habe? Die Kiefer bleibt den ganzen Winter über grün, für die Blätter der Birke ist die Zeit im Oktober abgelaufen; begünstige ich den Baum, der, wie ich, den Winterstürmen trotzt? Die Kiefer bietet einem Kragenhuhn Schutz, aber die Birke ernährt es; ist mir das Bett wichtiger als der Eßtisch? Schließlich sind die Erträge aus Kiefern fünfmal so hoch wie die der Birken; ist das Bankkonto also der Grund? Jeder dieser möglichen Gründe für meine Vorliebe scheint etwas Gewicht zu haben, aber keiner von ihnen wiegt sehr viel.

Also versuche ich es noch einmal, und vielleicht habe ich hier etwas; unter dieser Kiefer wird eines Tages ein kriechender Erdbeerbaum wachsen, ein Ohnblatt, ein Wintergrün oder ein Moosglöck-chen, während man unter einer Birke bestenfalls auf eine Enzianart hoffen kann. In dieser Kiefer wird sich letztlich ein Helmspecht ein Nest herausmeißeln; in der Birke tut das ein Haarspecht. In dieser Kiefer wird im April der Wind für mich singen, während die Birke nur mit ihren nackten Zweigen knattert. Diese möglichen Gründe für meine Vorliebe sind gewichtig, aber warum? Regt die Kiefer meine Vorstellungskraft und meine Hoffnungen stärker an als die Birke? Falls ja, liegt der Unterschied dann in den Bäumen oder in mir? Die einzige Schlußfolgerung, zu der ich jemals gekommen bin, lautet, daß ich alle Bäume mag, aber in Kiefern verliebt bin.

Der November ist der Monat für die Axt, und wie bei anderen Liebesaffären liegt das Geschick im Geltendmachen der Vorlieben. Wenn die Birke südlich von der Kiefer steht und größer ist, wird sie der Spitze der Kiefer im Frühling Schatten spenden und so die Rüsselkäfer davon abhalten, ihre Eier dort abzulegen. Die Konkurrenz der Birken ist das geringere Übel im Vergleich mit dem Rüsselkäfer, dessen Nachkommenschaft die Spitze der Kiefer zerstört und so den Baum entstellt. Es ist interessant, daß die Vorliebe dieses Insekts, in der Sonne zu hocken, nicht nur über seine eigene Fortdauer als Art entscheidet, sondern auch über das künftige Aussehen meiner Kiefer und über meinen eigenen Erfolg als Herr über Axt und Schaufel.

Wiederum, wenn ich den Birkenschatten beseitigt habe und darauf ein trockener Sommer folgt, kann die stärkere Bodenerwärmung die verminderte Konkurrenz um das Wasser aufheben, und meiner Kiefer wird es durch meine Vorliebe nicht besser gehen.

Schließlich, wenn die Birkenzweige im Wind die äußeren Triebe der Kiefer scheuern, wird die Kiefer mit Sicherheit deformiert, und die Birke muß entweder weg, ohne Rücksicht auf andere Erwägungen, oder ihre Zweige müssen in jedem Winter auf eine Höhe geschnitten werden, die über dem erwarteten Sommerwuchs der Kiefer liegt.

Das sind die Für und Wider, die der Herr der Axt vorhersehen, vergleichen und entscheiden muß in der ruhigen Gewißheit, daß seine Vorliebe – im allgemeinen – sich als etwas mehr denn als gute Absicht erweisen wird.

Der Herr der Axt hat so viele Vorlieben, wie es Baumarten gibt auf seiner Farm. Im Lauf der Jahre mißt er allen Arten nach seiner Reaktion auf ihre Schönheit und Nützlichkeit und ihrer Reaktion auf seine Bemühungen Attribute bei, die erst einen Charakter ausmachen. Es erstaunt mich, welch unterschiedliche Charaktere verschiedene Menschen ein und demselben Baum zuschreiben.

So steht die Espe bei mir in gutem Ansehen, weil sie den Oktober vergoldet und im Winter meine Kragenhühner füttert, aber für einige meiner Nachbarn ist sie lediglich ein Unkraut, vielleicht weil sie so heftig aus den Sümpfen austrieb, die ihre Großväter zu roden versucht hatten. (Ich darf darüber nicht hohnlächeln, denn ich ertappe mich selbst dabei, die Ulmen nicht zu mögen, deren Wiederaustreiben meine Kiefern bedroht.)

Die Lärche ist mir nach der Weymouthskiefer die Zweitliebste, vielleicht weil sie in meiner Ortschaft fast ausgerottet ist (Vorliebe für die Benachteiligten) oder weil sie im Oktober Gold auf die Kragenhühner streut (Liebe zur Jagd), oder weil sie den Boden sauer macht und so die Voraussetzung für das Wachstum der lieblichsten unserer Orchideen, den prächtigen Frauenschuh, schafft. Andererseits haben die Förster die Lärche verbannt, weil sie zu langsam wächst, um Zinseszins zu erbringen. Sie untermauern ihre Ablehnung auch damit, daß der Bestand periodisch durch Blattwespenepidemien abstirbt. Für meine Lärchen bedeutete das weitere fünfzig Jahre, also mag sich mein Enkel den Kopf darüber zerbrechen. Inzwischen wachsen meine Lärchen so kräftig, daß meine gute Stimmung mit ihnen himmelwärts steigt.

Für mich ist eine alte Pappel der großartigste aller Bäume, weil sie in ihrer Jugend dem Bison Schatten spendete und einen Heiligenschein aus Tauben trug, und ich mag eine junge Pappel, weil sie eines Tages alt werden könnte. Aber die Frau des Farmers (und somit auch der Farmer) haßt die Pappeln, weil der weibliche Baum im Juni ihre Fliegenfenster mit Watte verstopft. Das Dogma der Moderne heißt Bequemlichkeit um jeden Preis.

Meine Zuneigungen sind zahlreicher als die meiner Nachbarn, weil ich einzelne Arten mag, die sie unter der abwertenden Kategorie Gestrüpp abtun. Ich schätze den Spindelstrauch, teils weil Weißwedel, Kaninchen und Mäuse so begeistert seine kantigen Zweige und ihre grüne Rinde essen, und teils weil seine rötlichen Beeren im Novemberschnee so warm leuchten. Ich mag den roten Hartriegel, weil er die Wanderdrosseln im Oktober füttert, und den Gelbholzstrauch, weil meine Waldschnepfen im Schutz seiner Dornen ihr tägliches Sonnenbad nehmen. Ich mag den Haselstrauch, weil sein Lila im Oktober mein Auge sättigt und seine Kätzchen im November meine Hirsche und Kragenhühner füttern. Ich mag das Bittersüß, weil mein Vater es mochte und das Weißwedelwild jedes Jahr am 1. Juli plötzlich damit beginnt, an den jungen Blättern zu äsen, und ich habe gelernt, meinen Gästen dieses Ereignis vorherzusagen. Es ist mir unmöglich, eine Pflanze nicht zu mögen, die es mir, einem einfachen Professor, erlaubt, alljährlich als erfolgreicher Seher und Prophet zu glänzen.

Es ist offensichtlich, daß unsere Zuneigung zu Pflanzen zum Teil auf Tradition beruht. Wenn dein Großvater Hickorynüsse mochte, wirst du den Hickorybaum mögen, weil dein Vater es dir beigebracht hat. Wenn andererseits dein Großvater mit Giftsumach umrankten Kloben verbrannt und dabei leichtsinnig im Rauch gestanden hat, wirst du diese Art nicht mögen, mit welcher Pracht auch immer sie im Herbst deine Augen erfreuen mögen.

Es ist auch offensichtlich, daß unsere Einstellung zu Pflanzen nicht nur Neigungen, sondern auch Abneigungen widerspiegelt – mit der feinen Abstufung der Nuancen wie zwischen Betriebsamkeit und Trägheit. Der Farmer, der lieber Kragenhühner jagt als Kühe melkt, wird keine Abneigung gegen Hagedorn haben, gleichgültig ob er sich auf seinen Weideflächen ausbreitet oder nicht. Der Waschbärjäger wird nichts gegen Linden haben, und ich weiß von Wachteljägern, die der Beifuß-Ambrosie nicht böse sind, trotz ihres alljährlichen Anfalls von Heuschnupfen. Tatsächlich sind unsere Vorlieben ein sensibler Anzeiger für unsere Neigungen, unsere Empfindungen, unsere Loyalitäten, unseren Edelmut und unsere Art und Weise, wie wir die Wochenenden vertrödeln.

Wie dem auch sei, ich bin damit zufrieden, die meinigen im November mit der Axt in der Hand zu vertrödeln.

Grundbuch oder nicht,
Tatsache ist – für
meinen Hund und mich offenkundig –,

Robert Bateman 1985©

daß bei Tagesanbruch alles Land,
über das ich laufen kann.
alleine mir gehört.

Eine feste Burg

Jedes zu einer Farm gehörende Stück Waldland bietet seinem Eigentümer neben Bauholz, Heizmaterial und Pfosten auch Allgemeinbildung. Diese Ernte an Weisheit bleibt nie aus, aber sie wird nicht immer eingebracht. Ich halte hier einige der vielen Lektionen fest, die ich in meinem eigenen Wald gelernt habe.

Nachdem ich den Wald vor einem Jahrzehnt erworben hatte, bemerkte ich schon bald, daß ich fast ebenso viele Baumkrankheiten wie Bäume gekauft hatte. Mein Waldstück wird von all den Krankheiten heimgesucht, die Holz nur erben kann. Ich begann zu wünschen, daß Noah, als er die Arche belud, die Baumkrankheiten zurückgelassen hätte. Doch bald stellte sich heraus, daß eben diese Krankheiten mein Waldstück zu einer festen Burg gemacht haben, die im Land ihresgleichen sucht.

Mein Wald ist das Hauptquartier einer Waschbärfamilie; nur wenige meiner Nachbarn haben ebenfalls welche. Eines Sonntags im November, nach frischgefallenem Schnee, erfuhr ich, warum. Die frische Spur eines Waschbärjägers und seines Jagdhundes führten zu einem halbentwurzelten Ahorn, unter dem einer meiner Waschbären Schutz gesucht hatte. Das gefrorene Gewirr von Wurzeln und Erde war zu steinig zum Abhacken und zu hart zum Graben; der Löcher unter den Wurzeln waren zu viele zum Ausräuchern. Der Jäger mußte waschbärlos aufgeben, weil eine Pilzkrankheit die Wurzeln des Ahorns geschwächt hatte. Der Baum, vom Sturm halb umgekippt, bietet eine uneinnehmbare Festung für das Waschbärenvolk. Ohne diesen »bombensicheren« Unterstand würde mein Zuchtstamm von Waschbären jedes Jahr von Jägern ausgelöscht.

Meine Wälder beherbergen ein Dutzend Kragenhühner, aber bei Tiefschnee wechseln meine Kragenhühner zu den Wäldern meiner Nachbarn, wo sie bessere Deckung finden. Ich behalte jedoch stets so viele Kragenhühner, wie es durch Sommergewitter Windbruch von Eichen gibt. Diese im Sommer umgestürzten Bäume behalten ihre getrockneten Blätter, und bei Schnee beherbergt jeder dieser Bäume Kragenhühner. Die Exkremente zeigen, daß jedes Huhn während des

Schneesturms innerhalb der engen Begrenzung seiner belaubten Deckung schläft, ißt und faulenzt, in Sicherheit vor Wind, Eule, Fuchs und Jäger. Die getrockneten Eichenblätter dienen nicht nur als Deckung, sondern werden seltsamerweise von den Kragenhühnern auch mit Behagen gefressen.

Diese Windbrucheichen sind natürlich kranke Bäume. Ohne Krankheit gäbe es nur wenig Bruch und damit nur wenige Kragenhühner, die unter gefallenen Baumkronen Schutz finden.

Kranke Eichen versorgen die Kragenhühner auch mit einem weiteren, offenbar köstlichen Kragenhuhnfutter: Eichengallen. Eine Galle ist ein kranker Auswuchs aus jungen Zweigen, die von einer Gallwespe gestochen wurden, als sie zart und saftig waren. Im Oktober sind meine Kragenhühner oft vollgestopft mit Eichengallen.

Jedes Jahr füllen wilde Bienen eine meiner hohlen Eichen mit Waben, und jedes Jahr ernten widerrechtlich durchziehende Honigsammler den Honig, bevor ich dazu komme. Das liegt zum Teil daran, daß sie beim Aufspüren der Bienenbäume geschickter sind als ich, und teils daran, daß sie Netze benutzen und dadurch arbeiten können, bevor die Bienen im Herbst in den Ruhezustand fallen. Aber gäbe es kein verrottetes Kernholz, dann gäbe es auch keine hohlen Eichen, die wilden Bienen einen eichenen Bienenstock bieten.

Im Zyklus starker Kaninchenjahre werden diese Tiere zur Plage in meinem Wald. Sie knabbern Rinde und Zweige von fast jeder Baum- oder Buschart, die ich zu ziehen versuche, und ignorieren fast jede Art, von der ich gern weniger hätte. (Wenn sich der Kaninchenjäger eine Kiefernschonung oder einen Obstgarten anlegt, hört das Kaninchen irgendwie auf, zum jagdbaren Wild zu gehören, und wird stattdessen zum Schädling.)

Das Kaninchen, obgleich ein Gierschlund, ist in mancher Hinsicht ein Feinschmecker. Stets zieht es handgepflanzte Kiefer, Ahorn, Apfelbaum oder Spindelstrauch dem wild gewachsenen vor. Auch verlangt es, daß bestimmte Salate vorbehandelt werden, bevor es sie zu futtern geruht. So verschmäht es roten Hartriegel, bis er von Komma-Schildläusen befallen ist, wonach er zur Delikatesse wird, die alle Kaninchen der Umgebung mit Heißhunger verschmausen.

Gut ein Dutzend Schwarzkopf-Meisen verbringt das Jahr in meinen Wäldern. Im Winter, wenn wir kranke oder abgestorbene Bäume als Feuerholz holen, ist der Klang der Axt der Essensgong für die Meisenschar. Sie warten in einiger Entfernung, daß der Baum fällt, und geben kecke Kommentare über die Langsamkeit unserer Mühen ab. Wenn der Baum schließlich am Boden liegt und die Keile sein Inneres freizulegen beginnen, ziehen die Meisen ihre weißen Lätzchen an und fallen ein. Jedes abgestorbene Rindenstück ist für sie eine Schatzkammer voller Eier, Larven und Puppen. Für sie quillt Milch und Honig aus jedem ameisenzerfressenen Kernholz. Wir stellen oft ein frisch gespaltenes Stück gegen einen Baum in der Nähe, nur um zu beobachten, wie die gierigen Meislein die Ameiseneier verschlingen. Es erleichtert unsere Mühen zu wissen, daß sie, wie auch wir, Hilfe und Annehmlichkeiten aus dem duftenden Reichtum frischgeschlagener Eichen bekommen.

Ohne Krankheiten und Ungeziefer gäbe es wahrscheinlich keine Nahrung in diesen Bäumen und folglich auch keine Meisen, um meine Wälder im Winter zu bereichern.

Viele andere Wildtiere hängen von Baumkrankheiten ab. Meine Haubenschwarzspechte meißeln lebende Kiefern auf, um fette Maden aus dem kranken Kernholz zu ziehen. Meine Streifenkäuze finden im hohlen Inneren einer Linde Ruhe vor den Hähern; ohne diesen kranken Baum müßte ihr Abendlied wahrscheinlich ausfallen. Meine Brautenten nisten in hohlen Bäumen; jeder Juni sieht ihre Brut daunenbedeckter Entlein in meinen Waldsumpf. Alle Grauhörnchen benötigen als Dauerhöhle ein sorgfältig ausgewogenes Gleichgewicht zwischen einer verrotteten Aushöhlung und dem Narbengewebe, mit dem der Baum die Wunde zu schließen versucht. Die Eichhörnchen fungieren als Schiedsrichter im Wettstreit, indem sie das Narbengewebe wegnagen, wenn es den Umfang ihrer Eingangstür ungebührlich zu verkleinern beginnt.

Das echte Schmuckstück meines krankheitsbefallenen Waldes ist der Zitronenwaldsänger. Er nistet in einer alten Spechthöhle oder einem anderen kleinen Loch in einem toten Baumstumpf überm Wasser. Das Aufblitzen seines goldblauen Gefieders inmitten des dumpfigen Verfalls der Juniwälder ist für sich ein Beweis, daß tote Bäume in lebende Tiere verwandelt werden und umgekehrt. Wenn ihr die Weisheit dieses Wandels anzweifelt, beobachtet den Zitronenwaldsänger.

Streifgebiete

Die wilden Lebewesen auf meiner Farm zögern, mir mit vielen Worten zu sagen, wie viele meiner sechs Quadratmeilen zu ihrem täglichen und wie viele zu ihrem nächtlichen Lebensraum gehören. Ich bin neugierig darauf, denn es zeigt mir das Verhältnis zwischen der Größe ihres Universums und der Größe des meinigen, und es stellt die viel wichtigere Frage, wer die Welt, in der er lebt, gründlicher kennt.

Gleich Menschen offenbaren meine Tiere oftmals durch ihre Handlungen, was sie mit Worten nicht enthüllen würden. Nur schwer läßt sich abschätzen, wann und wie eine dieser Enthüllungen ans Tageslicht kommen wird.

Der Hund – er ist schließlich kein Axtschwinger – kann jagen, während wir übrigen Holz machen. Ein plötzliches *yip-yip-yip* teilt uns mit, daß ein Kaninchen aus seiner Sasse im Gras aufgescheucht ist und in großer Eile das Weite sucht. Es rennt schnurstracks auf einen eine Viertelmeile entfernten Holzhaufen zu, wo es sich, seinem Verfolger einen sicheren Flintenschuß voraus, zwischen zwei gestapelten Klaftern duckt. Der Hund hinterläßt ein paar symbolische Gebißabdrücke in der harten Eiche, gibt auf und setzt seine Suche nach einem weniger schlauen Baumwollschwanz-Kaninchen fort, und wir schlagen weiter Holz.

Diese kleine Episode sagt mir, daß dieses Kaninchen mit dem Terrain zwischen seinem Lager in der Wiese und seinem Luftschutzkeller unter dem Holzstoß vertraut ist. Wie sonst wäre der kürzeste Weg zu erklären? Das Streifgebiet dieses Kaninchens dehnt sich wenigstens über eine Viertelmeile aus.

Die Schwarzkopfmeisen, die zu unserem Futterhäuschen kommen, werden jeden Winter gefangen und beringt. Einige unserer

Nachbarn füttern ebenfalls Schwarzkopfmeisen, aber keiner beringt sie. Wir haben festgehalten, wie weit sich die beringten Vögel von meinem Futterhäuschen entfernen, und ermittelt, daß die Streifgebiete unserer Schar sich im Winter über ein Areal mit einer halben Meile Durchmesser erstrecken, wobei sie nur windgeschützte Stellen aufsuchen.

Wenn sich die Schar im Sommer zum Nisten verteilt hat, sieht man die beringten Vögel in größerer Entfernung, oftmals verpaart mit unberingten Vögeln. In dieser Jahreszeit macht den Schwarzkopfmeisen der Wind nichts aus, man findet sie oft auch an zugigen Orten.

Die frischen Fährten von drei Stück Weißwedelwild, deutlich zu erkennen im Schnee vom Vortag, führen durch meine Wälder. Ich verfolge die Fährten zurück und finde im großen Weidendickicht auf der Sandbank drei Lager, die frei von Schnee sind.

Dann folge ich den Fährten nach vorn; sie führen zum Maisfeld meines Nachbarn, wo die Hirsche Maisabfall aus dem Schnee gescharrt und auch eine Garbe zerzaust haben. Danach führen sie auf einem anderen Weg zurück zur Sandbank. Unterwegs haben die Hirsche an ein paar Grasbüscheln gescharrt, mit dem Äser nach den zarten, grünen Halmen darin gewühlt, und sie haben auch an einer Quelle getrunken. Mein Bild von dem nächtlichen Rundgang ist vollständig. Die Gesamtdistanz vom Bett zum Frühstück beträgt eine Meile.

In unseren Wäldern hat es immer Kragenhühner gegeben, aber an einem Tag im letzten Winter konnte ich weder die Tiere noch Spuren von ihnen finden. Ich hatte schon angenommen, meine Vögel seien ausgezogen, als mein Hund an der belaubten Krone einer alten Eiche, die im letzten Sommer umgeweht worden war, vorstand. Drei Kragenhühner stoben heraus, eines nach dem anderen.

Es gab keine Spuren unter oder neben der am Boden liegenden Baumkrone. Offensichtlich waren diese Vögel eingeflogen, aber von wo? Kragenhühner müssen fressen, besonders bei Temperaturen unter dem Gefrierpunkt, deshalb untersuchte ich den Kot nach einem Hinweis. Zwischen vielen unkenntlichen Überbleibseln fand ich Knospenhüllen und auch die zähen gelben Schalen gefrorener Nachtschatten.

In einem Dickicht junger Ahornbäume hatte ich im Sommer üppigen Nachtschattenwuchs entdeckt. Ich ging dorthin, und nach einigem Suchen fand ich die Kragenhuhnspuren auf einem liegenden Baumstamm. Die Vögel waren nicht durch den weichen Schnee gewatet; sie waren über die liegenden Baumstämme gelaufen und hatten hier und da die innerhalb ihrer Reichweite liegenden Beeren aufgepickt. Das war eine Viertelmeile entfernt, östlich der gefallenen Eiche.

An jenem Abend, bei Sonnenuntergang, sah ich Kragenhühner aufgebaumt in einem Pappeldickicht eine Viertelmeile weiter westlich. Es gab keine Spuren. Das vervollständigte die Geschichte. Diese Vögel überquerten, solange der Schnee weich war, ihr Streifgebiet im Flug statt zu Fuß, ein Areal, das immerhin einen Durchmesser von einer halben Meile hatte.

Die Wissenschaft weiß wenig über Streifgebiete: wie groß sie zu verschiedenen Jahreszeiten sind, welche Möglichkeiten der Nahrung und Deckung sie enthalten müssen, wann und wie sie verteidigt werden gegen Eindringlinge, und ob der Besitz an ein Individuum, eine Familie oder die Gruppe gebunden ist. Das sind die Grundlagen des Tierhaushalts oder der Ökologie. Jede Farm ist ein Lehrbuch über Tierökologie; die Weisheit der Waldbewohner ist die Umsetzung des Buches.

Kiefern überm Schnee

Schöpferische Tätigkeiten sind für gewöhnlich Göttern und Dichtern vorbehalten, aber einfachere Leute können diese Beschränkung aufheben, wenn sie wissen, wie es gemacht wird. Um beispielsweise eine Kiefer zu pflanzen, braucht man weder Gott noch Poet zu sein; man muß nur eine Schaufel haben. Dank dieser merkwürdigen Ausnahme von der Regel kann jeder Bauernlümmel sagen: Es werde ein Baum – und es wird einer.

Wenn sein Rücken stark ist und seine Schaufel scharf, können schließlich zehntausend da stehen. Und im siebten Jahr mag er sich auf seine Schaufel stützen, auf seine Bäume blicken und Wohlgefallen an ihnen finden.

Gott übergab sein Werk bereits am siebten Tag, aber mir fällt auf, daß er sich seither mit einer Bewertung von dessen Eigenschaften eher zurückgehalten hat. Ich vermute, daß er entweder zu früh gesprochen hat oder daß Bäume doch längere Bewunderung aushalten als Feigenblätter und Firmamente.

Warum gilt die Schaufel als ein Symbol der Plackerei? Vielleicht liegt es daran, daß die meisten Schaufeln stumpf sind. Sicher haben alle Knechte stumpfe Schaufeln, aber ich bin nicht sicher, welche dieser beiden Tatsachen Ursache und welche Wirkung ist. Ich weiß nur, daß eine gute Feile, die sie heftig bearbeitet hat, meine Schaufel singen läßt, wenn diese den mürben Lehm durchsticht. Man sagt mir, es sei Musik im scharfen Hobel, dem scharfen Meißel und dem scharfen Skalpell, aber ich vernehme sie am besten in meiner Schaufel; sie summt in meinen Handgelenken, wenn ich eine Kiefer pflanze. Ich vermute, daß der Bursche, der sich so sehr mühte, einen klaren Ton aus der Harfe der Zeit hervorzubringen, ein zu schwieriges Instrument gewählt hat.

Es ist gut, daß nur im Frühjahr Pflanzzeit ist, denn Mäßigung nützt allen Dingen am meisten, selbst Schaufeln. Während der übrigen Monate kann man zuschauen, wie eine Kiefer entsteht.

Für die Kiefer beginnt das neue Jahr im Mai, wenn der oberste Sproß zur »Kerze« wird. Wer auch immer dieses Wort für den neuen Wuchs geprägt hat, besaß eine einfühlsame Seele. Die »Kerze« klingt wie ein Allgemeinplatz offensichtlicher Fakten: der neue Wuchs ist wächsern, aufrecht und zerbrechlich. Und wer mit Kiefern lebt, weiß, daß »Kerze« eine tiefere Bedeutung hat, denn an ihrer Spitze brennt die ewige Flamme, die den Weg in die Zukunft erleuchtet. Mai für Mai folgen meine Kiefern ihren Kerzen himmelwärts, jede geradewegs zum Zenit strebend und jede in dem Glauben, dorthin zu gelangen, wenn ihr nur genug Jahre bleiben bis zur Posaune des Jüngsten Gerichts. Nur eine sehr alte Kiefer vergißt schließlich, welche ihrer vielen Kerzen die wichtigste ist, und flacht ihre Spitze gegen den

Himmel ab. Du magst es verdrängen, aber keine Kiefer, die du selbst gepflanzt hast, wird es zu deinen Lebzeiten tun.

Wenn du zur Sparsamkeit neigst, wirst du unter den Kiefern Gleichgesinnte finden, weil sie, anders als die von der Hand in den Mund lebenden Laubbäume, niemals laufende Rechnungen aus den laufenden Einnahmen bezahlen; sie leben ausschließlich vom Ersparten aus dem Vorjahr. Tatsächlich führt jede Kiefer ein offenes Sparbuch, in dem ihr Barguthaben alljährlich am 30. Juni festgehalten wird. Wenn zu diesem Zeitpunkt ihre vollendete Kerze einen gipfelständigen Quirl von zehn oder zwölf Trieben angesetzt hat, bedeutet dies, daß sie genügend Regen und Sonne für einen sechzig oder sogar neunzig Zentimeter langen Schuß gen Himmel im nächsten Frühjahr gespeichert hat. Hat sie nur vier oder sechs Triebe, wird ihr Wachstum geringer ausfallen, aber sie wird dennoch das gewisse Etwas besitzen, das mit Zahlungsfähigkeit einhergeht.

Natürlich gibt es auch für Kiefern, ebenso wie für Menschen, schwere Jahre, und diese zeigen sich in kürzeren Trieben, d.h. in kürzeren Abständen zwischen den aufeinanderfolgenden Quirlen von Zweigen. So sind diese Zwischenräume eine Autobiographie, die jemand, der mit Bäumen umgeht, nach Belieben lesen kann. Um ein schlechtes Jahr zu datieren, muß man immer eines von dem Jahr geringeren Wachstums abziehen. Im Jahre 1937 hatten alle Kiefern geringen Zuwuchs; das belegt die allgemeine Dürre von 1936. Andererseits war der Zuwuchs bei allen Kiefern im Jahre 1941 beträchtlich; vielleicht sahen sie die Schatten kommender Ereignisse und strengten sich besonders an, der Welt zu zeigen, daß Kiefern auch dann noch wissen, was sie tun, wenn Menschen dazu nicht mehr in der Lage sind.

Zeigt eine Kiefer ein karges Jahr an, ihre Nachbarn aber nicht, kann man getrost unterstellen, daß eine rein örtliche oder individuelle Widerwärtigkeit der Grund war: eine Brandnarbe, eine nagende Wiesenmaus, ein Windbrand oder ein örtlicher Engpaß in dem dunklen Laboratorium, das wir den Boden nennen.

Es gibt viel Geplauder und nachbarschaftlichen Klatsch unter Kiefern. Wenn ich auf dieses Geschwätz achte, erfahre ich, was sich während der Woche, in der ich in der Stadt bin, ereignet hat. Im

März, wenn das Weißwedelwild häufig durch die Weymouthskiefern wandert, verrät mir die Höhe der abgeästen Stellen an den Bäumen, wie stark der Hunger ist. Ein von Mais gesättigter Weißwedel ist zu faul, um Zweige über 1,20 m zu beknabbern; ein wirklich hungriger Hirsch erhebt sich auf die Hinterläufe und reicht bis zu 2,40 m hinauf. So lerne ich die Verpflegungssituation des Wildes kennen, ohne es selbst zu Gesicht zu bekommen, und erfahre, ohne sein Feld zu besuchen, ob mein Nachbar seine Maisgarben eingeholt hat.

Wenn die neue Kerze im Mai zart und zerbrechlich ist wie ein Spargelkopf, bricht sie ein aufsetzender Vogel oft ab. In jedem Frühjahr finde ich einige solcher enthaupteter Bäume, deren welke Kerzen im Gras liegen. Es ist leicht zu folgern, was geschehen ist, aber in zehnjähriger Beobachtung habe ich nicht einmal *gesehen*, wie ein Vogel eine Kerze abgebrochen hat. Das Objekt liefert vielmehr die Anschauung: man braucht das Ungesehene nicht zu bezweifeln.

Jedes Jahr im Juni haben einige Weymouthskiefern plötzlich verwelkte Kerzen, die nach kurzer Zeit braun werden und absterben. Ein Kiefernrüsselkäfer hat die gipfelständigen Knospenbüschel angebohrt und Eier abgelegt; wenn die Maden ausschlüpfen, bohren sie sich durch das Mark und töten den Sproß. Eine solche führerlose Kiefer ist zur Frustration verdammt, denn die überlebenden Äste können sich nicht einigen, wer den Marsch zum Himmel anführen soll. Schließlich beginnen alle zu führen, und der Baum bleibt ein Busch. Merkwürdigerweise werden nur Kiefern in voller Sonne von Rüsselkäfern heimgesucht; beschattete hingegen werden ignoriert. Das ist der verborgene Nutzen der Benachteiligung.

Im Oktober erzählen mir meine Kiefern mit ihrer abgescheuerten Rinde, wenn die Weißwedelhirsche »der Hafer sticht«. Eine etwa zweieinhalb Meter hohe und alleinstehende Banks-Kiefer scheint besonders geeignet, den Hirsch auf die Idee zu bringen, daß die Welt einen Anstoß nötig hat. Ein solcher Baum muß notgedrungen auch die andere Wange hinhalten und geht entsprechend beschadet aus dem ungleichen Kampf hervor. Ein kleiner Funken ausgleichender Gerechtigkeit in solchen Auseinandersetzungen zeigt sich darin, daß der Hirsch, je mehr er den Baum mißhandelt, dann um so mehr Harz an seinem nicht mehr so glänzenden Geweih trägt.

Das Geplauder der Wälder ist mitunter schwer zu übersetzen. Einmal fand ich mitten im Winter im Kot unter einem Kragenhuhnschlafplatz einige halbverdaute Gebilde, die ich nicht identifizieren konnte. Sie sahen aus wie Zwergmaiskolben und waren etwa anderthalb Zentimeter lang. Ich untersuchte Proben von jeglichem in der Gegend vorkommenden Kragenhuhnfutter, das mir einfiel, ohne einen Hinweis auf die Herkunft der »Kolben« zu finden. Schließlich schlitzte ich den gipfelständigen Trieb einer Banks-Kiefer auf, und in seinem Inneren fand ich die Antwort. Die Kragenhühner hatten die Triebe gefressen, das Mark verdaut, die Rinde in ihren Mägen abgescheuert und den Kolben übriggelassen, der tatsächlich die künftige Kerze war. Fast könnte man sagen, daß dieses Rauhfußhuhn in Banks-Kiefer-Termingeschäften spekuliert hat.

Die drei in Wisconsin heimischen Kiefernarten (Weymouths-, Rot- oder Gemeine und Banks-Kiefer) haben sehr verschiedene Ansichten über das heiratsfähige Alter. Die frühreife Banks-Kiefer blüht und trägt manchmal schon ein oder zwei Jahre, nachdem sie die Baumschule verlassen hat, Zapfen. Einige meiner dreizehnjährigen Banks-Kiefern prahlen schon mit Enkeln. Meine dreizehnjährigen Rotkiefern dagegen blühen in diesem Jahr erstmals. Die Weymouthskiefern haben überhaupt noch nicht geblüht; sie halten sich streng an die angelsächsische Doktrin »free, white and twenty-one« – ledig, weiß und einundzwanzig.

Gäbe es diese großen Unterschiede gesellschaftlicher Standpunkte nicht, wäre die Speisekarte meiner roten Eichhörnchen sehr beschränkt. Jedes Jahr fangen sie mitten im Sommer an, die Zapfen der Banks-Kiefer aufzubrechen, um an die Samen zu gelangen, und keine Picknick-Gesellschaft am Tag der Arbeit hat je mehr Schalen und Rinden über die Landschaft verstreut als sie: unter jedem Baum liegen die Überreste ihres alljährlichen Festschmauses in Stapeln und Haufen. Doch es bleiben immer noch genügend Zapfen übrig, wie der Nachwuchs zwischen den Goldruten beweist.

Nur wenige Menschen wissen, daß Kiefern Blüten tragen, und die meisten, die es wissen, sind zu prosaisch, um in diesem Blütenfest mehr als eine alltägliche biologische Funktion zu sehen. Alle desillusionierten Menschen sollten die zweite Maiwoche in Kiefernwäldern

99

verbringen, und Brillenträger sollten ein zusätzliches Taschentuch einstecken. Die verschwenderische Fülle von Kiefernblütenstaub sollte selbst denjenigen von der unbekümmerten Überschwenglichkeit der Jahreszeit überzeugen, bei dem es der Gesang des Goldhähnchens nicht fertiggebracht hat.

Junge Weymouthskiefern gedeihen für gewöhnlich am besten ohne die Nähe ihrer Eltern. Ich kenne ganze Waldstücke, in denen die jüngere Generation, selbst an einem sonnigen Standort, durch die älteren Bäume im Wachstum behindert wurde und verkümmert ist. Dann gibt es wieder Waldstücke, wo derartige Hemmfaktoren nicht bestehen. Ich würde zu gern wissen, ob solche Unterschiede in der Toleranz der Jungen oder der Alten begründet sind oder ob es am Boden liegt.

Kiefern sind wie Menschen wählerisch in bezug auf ihre Gesellschaft und können ihre Vorlieben und Antipathien nicht unterdrükken. So besteht eine Wahlverwandtschaft zwischen Weymouthskiefern und Brombeeren, zwischen Rotkiefern und blühender Wolfsmilch, zwischen Banks-Kiefern und Gagelstrauch. Wenn ich eine Weymouthskiefer zwischen Brombeeren pflanze, kann ich mit Sicherheit voraussagen, daß sie innerhalb eines Jahres ein kräftiges Büschel von Trieben entwickeln wird und ihre neuen Nadeln jenen bläulichen Hauch haben werden, der Gesundheit und sympathische Gesellschaft verrät. Sie wird ihre am selben Tag gepflanzten Artgenossinnen an Wuchs und Blühwilligkeit übertreffen, die mit der selben Sorgfalt und in den gleichen Boden, aber in die Gesellschaft von Gras gepflanzt wurden.

Im Oktober laufe ich gern zwischen diesen blauen Federbüschen herum, die sich gerade und kräftig aus dem roten Teppich der Brombeerblätter erheben. Ich möchte wissen, ob sie sich ihres Wohlbefindens bewußt sind. Ich weiß nur, daß ich es bin.

Kiefern haben ihren Ruf, »immergrün« zu sein, durch den selben Kunstgriff erworben, den Regierungen anwenden, um den Anschein von Ewigkeit zu erwecken: überlappende Amtszeiten. Indem sie auf den neuen Trieben jedes Jahres neue Nadeln bekommen und die älteren Nadeln nach längeren Intervallen abstoßen, haben sie den gelegentlichen Betrachter glauben gemacht, daß Kiefernnadeln immer grün bleiben.

Jede Kiefernart hat ihre eigene Verfassung, die eine Amtszeit für Nadeln gemäß ihrem Lebensstil vorschreibt. So behält die Weymouthskiefer ihre Nadeln anderthalb Jahre; Rotkiefern und Banks-Kiefern zweieinhalb Jahre. Nachfolgende Nadeln treten ihr Amt im Juni an, abtretende schreiben ihre Abschiedsadressen im Oktober. Alle schreiben sie dasselbe, mit der gleichen gelbbraunen Tinte, die im November braun wird. Dann fallen die Nadeln ab und werden zu den Bodenakten gelegt, um die Weisheit des Standortes zu bereichern. Es ist diese angesammelte Weisheit, die die Schritte derjenigen, die unter Kiefern wandeln, dämpft.

Mitten im Winter kann es passieren, daß ich von meinen Kiefern etwas erfahre, das wichtiger ist als Waldpolitik und Nachrichten über Wind und Wetter. Das geschieht vorzugsweise an düsteren Abenden, wenn der Schnee alle unwichtigen Einzelheiten unter sich begraben hat und die Stille elementarer Traurigkeit schwer auf allem Lebendigen lastet. Meine Kiefern stehen trotz des Schnees, der auf ihnen lastet, erhobenen Hauptes in Reih und Glied, und im Dämmerlicht dahinter spüre ich die Gegenwart von Hunderten weiterer Kiefern. In solchen Momenten fühle ich, wie sich auf geheimnissvolle Weise Mut auf mich überträgt.

Schwarzkopfmeise 65290

Einen Vogel zu beringen bedeutet, auf ein Los in einer großen Lotterie zu setzen. Die meisten von uns besitzen Lose für das eigene Leben, aber wir kaufen sie bei der Versicherungsgesellschaft, die zu viel weiß, als daß sie uns eine wirklich faire Chance einräumen würde. Es ist eine Sache der Objektivität, auf einen beringten Sperling zu setzen, der vom Himmel fällt, oder auf die beringte Schwarzkopfmeise, die eines Tages wieder in die Falle kommen und so beweisen kann, daß sie noch am Leben ist.

Für den Neuling ist es ein spannendes Erlebnis, Vögel zu beringen; er spielt eine Art Spiel gegen sich selbst und versucht seine vorherige Rekordmarke zu übertreffen. Aber für den Erfahrenen ist das Beringen neuer Vögel angenehme Routine; die eigentliche Spannung liegt im Wiedereinfangen eines vor langer Zeit beringten Vogels, dessen Alter, Abenteuer und frühere Freßgewohnheiten dir vielleicht besser bekannt sind als dem Vogel selbst. So war in unserer Familie die Frage, ob Schwarzkopfmeise 65290 noch einen weiteren Winter überleben würde, fünf Jahre lang eine Wette erster Güte.

Seit zehn Jahren haben wir im Winter die meisten Schwarzkopfmeisen auf unserer Farm gefangen und beringt. Zu Beginn des Winters gehen hauptsächlich unberingte Vögel in die Falle; das sind vermutlich die Jungen dieses Jahres, die – sind sie erst einmal beringt – »datiert« werden können. Später im Winter fangen wir keine unberingten Vögel mehr; dann ist klar, daß der örtliche Bestand größtenteils markiert ist. Von den Ringnummern wissen wir, wie viele Vögel es gibt und wie viele von ihnen Überlebende aus jedem vorangegangenen Beringungsjahr sind.

65290 war eine von sieben Schwarzkopfmeisen des Jahrgangs 1937. Als sie erstmals in unserer Falle saß, zeigte sie keine äußerlichen Anzeichen von Genialität. Wie bei ihren Klassenkameraden war ihre Gier nach Nierenfett größer als ihre Besonnenheit. Wie ihre Klassenkameraden auch, zwickte sie mir in den Finger, als sie aus der Falle genommen wurde. Nachdem sie beringt und freigelassen worden war, flog sie auf einen Ast, pickte mit gelindem Ärger nach dem neuen Aluminiumfußband, schüttelte ihre verstrubbelten Federn, fluchte leicht und eilte davon, um die anderen einzuholen. Sie hat wohl kaum irgendwelche philosophischen Schlüsse aus ihrem Erlebnis gezogen (wie etwa »es ist nicht alles Ameisenei, was glänzt«), denn sie wurde in dem selben Winter noch dreimal gefangen.

Im zweiten Winter zeigten unsere Wiederergriffenen, daß der Jahrgang von sieben auf drei geschrumpft war, und im dritten Winter auf zwei. Im fünften Winter war 65290 die einzige Überlebende ihrer Generation. Anzeichen von Genialität fehlten noch immer, aber ihre außerordentliche Überlebensfähigkeit war jetzt historisch belegt.

In ihrem sechsten Winter erschien 65290 nicht mehr, und die Meldung »vermißt« bestätigten die darauf folgenden vier Jahre, in denen sie verschollen blieb.

Bleibt noch zu sagen, daß von 97 Schwarzkopfmeisen, die während

eines Jahrzehnts beringt worden waren, 65290 es als einzige fertiggebracht hatte, fünf Winter zu überleben. Drei kamen auf vier Jahre,
sieben erreichten drei Jahre, 19 erreichten zwei Jahre, und 67 ver-
schwanden nach ihrem ersten Winter. Also könnte ich, wenn ich
Versicherungen an Schwarzkopfmeisen verkaufen würde, mit
Sicherheit die richtige Prämie errechnen. Die Frage bliebe nur, in
welcher Währung würde ich die Witwen auszahlen? Vermutlich in
Ameiseneiern.

Ich weiß so wenig über Vögel, daß ich nur spekulieren kann,
warum 65290 ihre Kameraden überlebte. War sie klüger bei der
Feindvermeidung? Aber welcher Feinde? Eine Schwarzkopfmeise ist
fast zu klein, um welche zu haben. Der wunderliche Geselle, den man
Evolution nennt und der den Dinosaurier so lange größer gemacht
hat, bis dieser über seine eigenen Füße gestolpert ist, hat versucht,
die Meise so lange zu verkleinern, bis sie gerade noch groß genug
blieb, um nicht von einem Tyrann als Insekt gefangen zu werden, und
zu klein war, um von Habichten und Eulen als Nahrung betrachtet zu
werden. Dann besah er das Werk seiner Hände und lachte. Jeder lacht
über ein so winziges Bündel mit so großer Lebensfreude.

Der Buntfalke, die Kreischeule, der Louisianawürger und besonders der Sägekauz könnten es lohnend finden, eine Schwarzkopfmeise zu töten, aber ich habe nur einmal den Beweis für einen
tatsächlichen Mord gefunden: im Kot eines Sägekauzes fand sich
einer meiner Ringe. Vielleicht fühlen sich diese kleinen Räuber anderen Zwergen verbunden.

Wahrscheinlich ist das Wetter der einzige Mörder, der gleichzeitig
gemütsarm genug und so wenig größenbewußt ist, daß er eine
Schwarzkopfmeise umbringt. Vermutlich werden in der Sonntags-
schule für Schwarzkopfmeisen zwei Todsünden durchgenommen:
Du sollst Dich im Winter nicht an windigen Orten aufhalten, und Du
sollst vor einem Schneesturm nicht naß werden.

Das zweite Gebot lernte ich zur Dämmerstunde bei Nieselregen im
Winter kennen, als ich eine Schar Schwarzkopfmeisen beobachtete,
die sich in meinen Wäldern zur Nachtruhe begab. Der Nieselregen
kam von Süden, aber mir war klar, daß er auf Nordwestkurs schwen-
ken und es noch vor dem nächsten Morgen bitter kalt werden würde.
Die Schwarzkopfmeisen gingen in einer abgestorbenen Eiche zu

Die wilden Lebewesen auf meiner Farm zögern,
mir mit vielen Worten zu sagen,
wieviele meiner sechs Quadratmeilen
zu ihrem täglichen und wieviele
zu ihrem nächtlichen Lebensraum
gehören.

Bett, deren Rinde zu gewellten, schalen- und muldenförmigen Stük-
ken verschiedener Größe, Form und Lage abgeblättert war. Der
Vogel, der einen gegen den von Süden kommenden Nieselregen
geschützten Schlafplatz gewählt hatte, aber von Norden kommen-
dem Wetter ausgesetzt war, würde mit Sicherheit am Morgen erfro-
ren sein. Der Vogel, der einen nach allen Seiten trockenen Schlafplatz
gewählt hatte, würde hingegen unbeschadet erwachen. Ich glaube,
das ist die Art Weisheit, die im Meisenreich Überleben bedeutet und
65290 und ihresgleichen erklärt.

Die Furcht der Schwarzkopfmeisen vor windigen Orten kann man
leicht an ihrem Verhalten erkennen. Im Winter entfernen sie sich nur
an windstillen Tagen aus den Wäldern, und die Entfernung ändert
sich im umgekehrten Verhältnis zur Windstärke. Ich kenne verschiedene windgepeitschte Waldstücke, die den ganzen Winter über mei-
senlos sind, während sie zu allen anderen Jahreszeiten häufig besucht
werden. Sie sind windgepeitscht, weil Kühe den Unterwuchs wegge-
fressen haben. Wenn ein Farmer mehr Kühe benötigt, die ihrerseits
mehr Weideland brauchen, so ist für den zentralbeheizten Bankier,
der ihm die Hypothek gewährt, der Wind ein geringes Ärgernis, außer
vielleicht an einer besonders windigen Ecke der Wallstreet. Für die
Schwarzkopfmeisen markiert der Winterwind die Grenzen der
bewohnbaren Welt. Hätte eine Schwarzkopfmeise ein Büro, würde
die Losung über ihrem Schreibtisch lauten: »Bleib ruhig!«

Ihr Verhalten an der Falle enthüllt den Grund. Wenn man die Falle
so aufstellt, daß sie auch nur bei leichtem Rückenwind hineinfliegen
müßte, könnten keine zehn Pferde sie zum Köder bringen. Stellt man
die Falle andersherum auf, kann man jedoch mit einem guten Ergebnis rechnen. Das hat damit zu tun, daß der Rückenwind Kälte und
Nässe unter die Federn bläst, die ihr tragbares Dach und ihre Kli-
maanlage sind. Kleiber, Junkos, Baumammern und Spechte fürchten
ebenfalls Rückenwinde, aber ihre Heizanlagen und folglich ihre
Windtoleranz sind größer – in der Reihenfolge ihrer Aufzählung.
Bücher über die Natur erwähnen selten den Wind; sie werden hinterm Ofen geschrieben.

Ich glaube, es gibt ein drittes Gebot für die Meisenwelt: Du sollst
jedem lauten Geräusch nachgehen. Wenn wir in unseren Wäldern
mit dem Holzschlagen anfangen, erscheinen die Schwarzkopfmeisen

augenblicklich und bleiben da, bis der gefällte Baum oder der gespaltene Stamm zu ihrem großen Ergötzen frische Insekteneier oder -puppen freigegeben hat. Das Abfeuern einer Flinte ruft ebenfalls die Schwarzkopfmeisen herbei, allerdings mit weniger befriedigenden Ergebnissen.

Was war ihr Essensgong, bevor es Äxte, Schlegel und Flinten gab? Wahrscheinlich das Krachen eines niederbrechenden Baumes. Im Dezember 1940 brach ein Schneesturm eine außerordentlich große Anzahl abgestorbener Aststümpfe und lebender Äste in unseren Wäldern ab. Unsere Schwarzkopfmeisen spotteten einen Monat lang über die Falle, gesättigt von den Früchten des Sturms.

65290 ist schon lange heimgegangen. Ich hoffe, daß in ihren neuen Wäldern den ganzen Tag über große Eichen voller Ameiseneier umfallen, ohne daß je ein Wind ihre Gemütsruhe stört oder ihr den Appetit verdirbt. Und ich hoffe, daß sie noch immer meinen Ring trägt.

Teil II
Essays zur Ethik der Natur

Touristische Entwicklung bedeutet nicht, daß man
mehr Straßen in liebliche Landschaften baut.
Vielmehr muß man Wege bauen, auf denen Sensibilität in das
immer noch unliebliche menschliche Gemüt gelangen kann.

Abgesehen von Liebe und Krieg werden wenige Unternehmungen mit solcher Leichtfertigkeit, von derart verschiedenen Individuen und mit einer so paradoxen Mischung aus Begierde und Uneigennützigkeit geführt wie jene Gruppe von Nebenerwerbsgeschäften, die unter dem Namen *Outdoor Recreation*, also *Erholung in freier Natur*, bekannt sind. Wohl stimmt die Allgemeinheit darin überein, daß es gut ist für die Menschen, zurück zur Natur zu gehen. Aber worin besteht dieses Gut, und was ist zu tun, um dies zu fördern? Die Vielzahl der unterschiedlichsten Ratschläge zu diesen Fragen zeigt den Grad der Verwirrung, und nur die kritiklosesten Gemüter haben dabei keine Zweifel.

Erholung wurde erstmals unter Theodore Roosevelt als ein Problem erkannt, als die Eisenbahnen, die Stadt und Land klar getrennt hatten, damit begannen, Stadtbewohner *en masse* aufs Land zu bringen. Man begann zu merken, daß bei diesem Exodus der Anteil des einzelnen an Frieden, Einsamkeit, freilebendem Wild und Landschaft um so geringer und daß der Anmarschweg, sie zu erreichen, um so länger wurden, je größer die Zahl der Erholungsuchenden war.

Das Automobil hat diese einst gelinde und örtlich begrenzte Mißlichkeit auf die Reichweite guter Straßen ausgedehnt – es hat im Hinterland etwas zur Rarität gemacht, was einst in Hülle und Fülle vorhanden war. Dennoch wollte man dieses Etwas finden. Wie von der Sonne verschossene Ionen verbreiten sich die Wochenendausflügler strahlenförmig aus jeder Stadt heraus und erzeugen Wärme und Reibung auf allen ihren Wegen. Eine Tourismusindustrie sorgt für Betten und Verpflegung, um noch mehr Ionen immer schneller und immer weiträumiger anzulocken. Reklame auf Felsen und an Bächen teilt allen und jedem vertraulich alles über neue Zufluchtsorte, Landschaften, Jagdgebiete und Fischgewässer mit, die sich gleich jenseits der inzwischen überlaufenen befinden. Behörden bauen neue Straßen in neues Hinterland und kaufen dann wiederum neues Hinterland auf, das die Ausflüglerscharen aufzunehmen hat, die die Straßen anwachsen ließen. Eine Zubehörindustrie hilft, die Stöße der rauhen Natur zu dämpfen; Waidmannskunst wird zur Kunst, Zubehör zu gebrauchen. Und schließlich, um die Schöpfung der Banalitäten zu krönen, kommt das Wohnmobil. Für den, der in den Wäldern und Bergen nur das sucht, was er durch Reisen oder Golfspielen bekommen kann, ist die gegenwärtige Situation erträglich. Aber für den, der etwas mehr sucht, ist Erholung zu einem selbstzerstörerischen Vorgang von Suchen und nie ganz Finden geworden – eine der größten Frustrationen der mechanisierten Gesellschaft.

Der Rückzug der ungezähmten Natur unter dem Ansturm motorisierter Touristen ist kein bloßes örtliches Phänomen mehr; die Hudson Bay, Alaska, Mexiko und Südafrika geben nach, und als nächstes werden Südamerika und Sibirien drankommen. Die Trommeln am Mohawk River sind nun das Hupkonzert an allen Flüssen dieser Welt geworden. Der *Homo sapiens* trödelt nicht mehr unter seinem eigenen Weinstock und Feigenbaum herum; er hat die gesammelte Bewegungskraft zahlloser Geschöpfe, die durch die Zeiten emporgestrebt sind, um ihren Weg zu neuen Weidegründen zu erkämpfen, in seinen Benzintank geschüttet. Ameisengleich wimmelt er über die Kontinente. Das ist der letzte Schrei von *Outdoor Recreation* – der Erholung in der freien Natur.

Wer ist nun der Erholungsuchende, und was sucht er? Einige Beispiele werden es uns zeigen. Schaut euch zunächst eine Entenmarsch an. Sie ist von einem Ring parkender Autos umgeben. Auf jeder Landspitze ihres schilfgesäumten Ufers hockt geduckt irgendeine Stütze der Gesellschaft, das automatische Gewehr im Anschlag, den juckenden Finger am Abzug, um – wenn nötig – jedes Staatsgesetz für das Umbringen einer Ente zu brechen. Daß sie bereits überfressen ist, dämpft in keiner Weise ihre Gier, die ihr von Gott gegebene Nahrung zusammenzuraffen.

In den benachbarten Wäldern wandert eine weitere Stütze und sammelt seltene Farne oder neue Waldsänger. Weil sie bei dieser Jagdform selten Diebstahl oder Raub nötig hat, verachtet sie den Killer. Dennoch ist es sehr wahrscheinlich, daß sie in ihrer Kindheit selbst einer war.

In einem nahegelegenen Erholungsort gibt es noch einen anderen Naturfreund – einen von der Art, die schlechte Verse in Birkenrinden ritzt. Und überall gibt es den ungebildeten Autofahrer, dessen Erholung im Kilometerfressen besteht, der sämtliche Nationalparks in einem Sommer »gemacht« hat und nun auf dem Weg ist nach Mexiko City und weiter nach Süden.

Schließlich ist da noch der Fachmann, der danach strebt, durch zahllose Naturschutzorganisationen dem natursuchenden Publikum zu geben, was es wünscht, oder der es dazu bringt zu wünschen, was er zu bieten hat.

Warum, mag man fragen, sollte eine solche Mannigfaltigkeit von Leuten auf eine Stufe gestellt werden? Weil jeder, auf seine Art, ein Jäger ist. Und warum nennt er sich Naturschützer? Weil die natürlichen Dinge, nach denen er sucht, sich seinem Zugriff entzogen haben, und er hofft, sie durch eine Geisterbeschwörung von Gesetzen, Bestimmungen, Regionalplänen, Reorganisation von Ministerien oder andere Formen geballter Wünsche zum Bleiben veranlassen zu können.

Erholung wird gemeinhin als eine wirtschaftliche Ressource betrachtet. Senatsausschüsse sagen uns, in ehrfurchtgebietenden Zahlen, wie viele Millionen die Öffentlichkeit dafür ausgibt. Es gibt tatsächlich einen wirtschaftlichen Aspekt – ein Landhaus an einem Fischgewässer oder sogar ein Ansitz auf Enten in einer Marsch kann so viel kosten wie die gesamte benachbarte Farm.

Es gibt dabei auch einen ethischen Aspekt. In der Auseinandersetzung um intakt gebliebene Orte entwickeln sich Regeln und eherne Gebote. Wir hören vom »guten Benehmen in der Natur«. Wir belehren Jugendliche. Wir drucken Definitionen der Frage »Was ist ein fairer Jäger?« und hängen jedem eine Kopie an die Wand, der einen Dollar für die Verbreitung des Glaubens zahlt.

Es ist klar, daß diese wirtschaftlichen und ethischen Manifestationen die Ergebnisse der Antriebskraft sind und nicht deren Ursachen. Wir suchen die Berührung mit der Natur, weil wir daran Freude haben. Wie in der Oper wird eine kommerzielle Apparatur beschäftigt, um die Anlagen zu schaffen und zu erhalten. Wie in der Oper leben Fachleute davon, sie zu schaffen und zu unterhalten, aber es wäre falsch, von einer der beiden Institutionen zu sagen, daß der

Grundgedanke die wirtschaftliche Seite ist. Der Entenjäger in seinem Ansitz und der Opernsänger auf der Bühne tun beide dasselbe, trotz der Verschiedenheit ihrer Ausrüstung. Jeder bringt – im Spiel – ein Drama wieder zum Leben, das früher zum Alltag gehörte. Beides sind letzten Endes ästhetische Übungen.

Die öffentliche Meinung bezüglich der »Outdoor-Recreation« ist gespalten. Bürger von gleicher Gewissenhaftigkeit haben gegensätzliche Ansichten darüber, was sie ist und was getan werden sollte, um ihre Quellen und Grundlagen zu erhalten. So versucht die *Wilderness Society*, keine Straßen im Hinterland zuzulassen, während die Handelskammer ihre Zahl zu steigern sucht, und beide argumentieren im Namen der Erholung. Der Betreiber der Fasanerie tötet Greifvögel, und der Vogelfreund schützt sie. Beide handeln im Namen der Jagd, einer mit der Schrotflinte, der andere mit dem Fernglas. Derartige Parteien belegen einander gemeinhin mit kurzen und häßlichen Namen, während beide tatsächlich nur einen anderen Teil dessen, was Erholung ist, im Auge haben. Diese Komponenten unterscheiden sich beträchtlich in ihren Hauptanliegen oder Eigenheiten. Ein vorgegebener Kurs mag für den einen richtig, für den anderen aber falsch sein. Daher erscheint es angebracht, die Komponenten zu trennen und die charakteristischen Hauptanliegen oder Eigenheiten einer jeden Partei zu überprüfen.

Beginnen wir mit den einfachsten und augenfälligsten: den Objekten, die der Erholungsuchende suchen, finden, fangen und davontragen kann. In diese Kategorie fallen Wild und Fische und die Symbole des Erfolgs wie Schädel, Felle, Fotos und andere *Belege*.

Allen diesen Dingen gemeinsam ist die Vorstellung, daß es sich um eine *Trophäe* handelt. Die Freude, die sie geben oder zumindest geben sollten, ist im Suchen sowohl wie im Erlangen begründet. Die Trophäe, egal ob es sich dabei um ein Vogelei, ein Forellengericht, einen Korb Pilze, das Foto eines Bären, eine gepreßte Wildblume oder um einen Zettel handelt, der in einem Steinhaufen auf einem Berggipfel steckt, ist eine Bescheinigung. Sie bestätigt, daß ihr Eigentümer irgendwo war und irgend etwas getan hat, daß er Fertigkeit, Ausdauer oder Scharfblick bewiesen hat in dem uralten Bravourstück des Überwältigens, Überlistens oder Zueigen-Machens. Diese der Trophäe anhaftenden Nebenbedeutungen übersteigen für gewöhnlich ihren materiellen Wert.

Die Bedeutung von Trophäen ändert sich mit ihrer vorhandenen Menge. Die Erträge an Wild oder Fisch können durch Vermehrung oder Bewirtschaftung vergrößert werden, so daß jeder Jäger mehr bekommt oder mehr Jäger gleich viel erhalten. In der letzten Dekade hat sich die Berufsgruppe für Wildtier-Management entwickelt. Eine Reihe von Universitäten lehrt ihre technische Handhabung und führt Untersuchungen für größere und bessere Wilderträge durch. Wenn das jedoch übertrieben wird, unterliegt diese Steigerung der Menge dem Gesetz sinkender Erträge. Sehr intensive Bewirtschaftung von Wild oder Fisch vermindert den Wert der einzelnen Trophäe, da diese den Nimbus des Besonderen verliert.

Betrachten wir beispielsweise eine Zuchtforelle, die in einem übermäßig befischten Fluß ihre neue Freiheit erhält. Der Fluß ist zur normalen Forellenerzeugung nicht mehr fähig. Verschmutzung hat sein Wasser verdorben, oder Abholzung und Niedertrampeln des Ufers haben es erwärmt oder verschlammt. Niemand würde behaupten wollen, daß diese Forelle ebenso wertvoll ist wie eine wirklich wilde, die in einem unangetasteten Bach hoch in den Rocky Mountains gefangen wurde. Ihre ästhetische Bedeutung ist von geringerem Wert, auch wenn das Angeln Geschick erfordern mag. (Ihre Leber, sagt der Fachmann, ist durch die Ernährung in der Fischbrutanstalt ebenfalls derart degeneriert, daß ein früher Tod prophezeit werden kann.) Dennoch sind heutzutage bereits etliche überfischte Bundesstaaten fast ausschließlich auf solche gezüchteten Forellen angewiesen.

Es gibt alle möglichen Zwischenstufen der Künstlichkeit, aber mit wachsendem Massenverbrauch tendiert die ganze Skala der Naturschutzmethoden zum künstlichen Ende hin, und der Wert der Trophäe sinkt damit immer mehr.

Um diese teure und mehr oder weniger hilflose Zuchtforelle zu schützen, fühlt sich die Naturschutzbehörde genötigt, alle Reiher und Seeschwalben zu töten, die ihre Zuchtstätte besuchen, wie auch alle Säger und Ottern, die den Bach bewohnen, in dem sie ausgesetzt wird. Der Angler empfindet es vielleicht nicht als Verlust, ein freilebendes Tier für ein anderes zu opfern, aber die Vogelfreunde gehen die Wände hoch. Die künstliche Bewirtschaftung hat das Angeln praktisch auf Kosten eines anderen und möglicherweise höheren Erholungswerts erkauft; es hat Dividenden aus Stammaktien, die allen gehören, an einen einzigen Bürger ausgezahlt. Dieselbe Art biologischer Spekulation finden wir im Wildtier-Management vor. Aus Europa, wo es Abschußstatistiken über lange Zeiträume hinweg gibt, kennen wir sogar den »Wechselkurs« von Wild gegen Raubtiere. So wird in Sachsen ein Greifvogel für jeweils sieben erlegte jagdbare Vögel getötet und ein Raubtier für je drei Stück Niederwild.

Der künstlichen Bewirtschaftung von Tieren folgt für gewöhnlich ein Schaden an der Pflanzenwelt – zum Beispiel Forstschäden durch Hirsche. Das kann man in Norddeutschland, in Nordostpennsylvania und selbst im Kaibab-Forst am Grand Canyon und in Dutzenden anderer, weniger bekannter Regionen sehen: Nachdem natürliche Feinde ausgerottet waren, hat in jedem Fall die Überzahl an Schalenwild Überleben und Vermehrung seiner Futterpflanzen unmöglich gemacht. Buche, Ahorn und Eibe in Europa, bodendeckende Hemlocktanne und weiße Scheinzypresse in den östlichen Bundesstaaten, Bergmahagony und Felsenröschen im Westen sind Äsungspflanzen, die durch den künstlich hochgehaltenen Wildbestand bedroht sind. Die ganze Zusammensetzung der Pflanzenwelt, von Wildblumen bis zu Waldbäumen, wird allmählich artenärmer, und Mangelernährung läßt das Wild verkümmern. Solche Hirsche wie die, deren Geweihe die Wände feudaler Schlösser zieren, gibt es in den Wäldern längst nicht mehr.

Im englischen Heideland ist das Wachstum von Bäumen durch Kaninchen behindert, die im Zuge der Jagd auf Rebhühner und Fasane übermäßig geschont werden. Auf vielen tropischen Inseln sind Pflanzen- und Tierwelt von Ziegen zerstört worden, die man zur Fleischerzeugung und für die Jagd eingeführt hatte. Es dürfte schwerfallen, die wechselseitigen Schäden durch und unter Säugetieren, die keine natürlichen Feinde mehr haben, und Weideland, das seiner natürlichen Futterpflanzen beraubt ist, aufzurechnen. Landwirtschaftliche Ernten, die zwischen diese Mühlsteine ökologischer Mißwirtschaft geraten, sind nur auf Kosten endloser Entschädigungen und mit Hilfe von Stacheldraht zu retten.

Somit können wir verallgemeinern, daß Massennutzung dazu

führt, die Qualität tierischer Trophäen wie Wild und Fisch zu mindern und anderen Werten wie nicht jagdbaren Tieren, natürlicher Vegetation und Ernteerträgen Schaden zuzufügen.

»Indirekte« Trophäen, wie etwa Fotos, verursachen keine vergleichbaren Schäden. Vereinfachend gesagt: Eine Landschaft, die täglich von einem Dutzend Touristenfotoapparaten geknipst wird, leidet dadurch physisch nicht, auch nicht, wenn sich deren Anzahl auf hundert erhöht. Die fotografische Industrie ist einer der wenigen harmlosen Parasiten an der freien Natur.

Es gibt also einen grundlegenden Unterschied zwischen zwei Kategorien physischer Trophäen und deren Reaktion auf Massennutzung.

W ir wollen einen anderen Bestandteil der Erholung betrachten, der subtiler und komplizierter ist: das Gefühl des Alleinseins in der Natur. Daß das einen Seltenheitswert erlangt, der von manchen Leuten sehr hoch eingeschätzt wird, zeigt die Kontroverse um die *Wildnis-Gebiete*. Die Verfechter der Wildnis-Idee haben mit den Straßenbaubehörden, denen die US-Nationalparks und -forste unterstehen, einen Kompromiß geschlossen. Von jedem Dutzend neueröffneter Naturparks kann einer offiziell zur Wildnis erklärt werden, wo Straßen nur bis an ihren Rand gebaut werden dürfen. Sie wird dann als einzigartig gepriesen, und das ist sie in der Tat. Es dauert nicht lange und ihre Pfade sind verstopft. Das *Civil Conservation Corps* sieht darin eine willkommene Arbeitsbeschaffungsmaßnahme und putzt die Pfade hübsch heraus. Oder ein unvorhergesehener Brand macht es notwendig, das Gebiet in zwei Teile zu spalten – mit einer Straße für die Feuerwehr dazwischen. Oder die durch Werbung verursachte Überfüllung der Wildnis treibt die Preise von Führern und Ausrüstern in die Höhe, woraufhin jemand dann prompt entdeckt, daß die Wildnis-Politik undemokratisch ist. Oder die örtliche Handelskammer, zunächst stumm ob der Neuheit des neuen Hinterlandes, das behördlicherseits als »wild« ausgewiesen ist, leckt Blut, wenn sich Touristengeld bemerkbar macht. Sie will mehr, Wildnis hin oder her. Allein die Seltenheit naturbelassener Räume, in Wechselwirkung mit ihrer Propagierung durch Reklame und Werbung, macht jede bewußte Anstrengung, sie nicht noch seltener werden zu lassen, zunichte.

Es bedarf keiner Diskussion, daß Massennutzung eine unmittelbare Verwässerung der Gelegenheit zur Einsamkeit mit sich bringt; daß, wenn wir von Straßen, Zeltplätzen, Pfaden und Toiletten als »Entwicklung« von Erholungsmöglichkeiten sprechen, wir es fälschlicherweise in bezug auf diese Komponente tun. Solche Einrichtungen für die Massen bedeuten keine Entwicklung (im Sinne von hinzufügen oder schaffen). Im Gegenteil, sie sind nur Wasser in die ohnehin schon dünne Suppe.

Wir stellen nun der Einsamkeitskomponente die sehr klare, wenngleich einfache gegenüber, die wir »frische Luft und Tapetenwechsel« nennen. Dieser Wert wird von Massennutzung weder zerstört noch verwässert. Der tausendste Tourist, der das Tor zum Nationalpark zuschnappen läßt, atmet in etwa die gleiche Luft und empfindet denselben Kontrast zum Büromontag wie der erste. Man könnte sogar glauben, daß der gesellige Überfall auf die freie Natur die Gegensätze steigert. Wir können dann sagen, daß die Komponenten Frischluft und Tapetenwechsel der fotografischen Trophäe gleichen – sie widerstehen der Massennutzung, ohne Schaden zu nehmen.

Kommen wir zu einer weiteren Komponente: der Wahrnehmung der natürlichen Vorgänge, durch die das Land und die darauf lebenden Wesen ihre charakteristischen Formen erreicht haben (Evolution) und durch die sie ihre Existenz bewahren (Ökologie). Dieser Vorgang »Naturstudium« stellt, trotz des Schauers, den es Wissenden den Rücken hinunterlaufen läßt, das erste suchende Tasten des unentwickelten Gehirns der Massen zur Wahrnehmung hin dar.

Die hervorstechendste Eigenschaft der Wahrnehmung ist, daß sie keinen Verbrauch und keine Schwächung der Natur nach sich zieht. Das Herabstoßen eines Greifs wird von dem einen als Drama der Evolution wahrgenommen, während es für den anderen nur eine Bedrohung seiner zu füllenden Bratpfanne ist. Das Drama kann hundert Zeugen nacheinander begeistern; die Bedrohung nur einen, denn er reagiert mit der Schrotflinte. Die Wahrnehmung zu fördern ist der einzig wirklich schöpferische Teil der Freizeitindustrie. Diese Tatsache ist wichtig, und ihre latente Kraft zur Verbesserung des »guten Lebens« wird nur undeutlich wahrgenommen. Als Daniel Boone erstmals die Wälder und Prärien der »dunklen und blutigen

Gründe« betrat, machte er sich das innere Wesen des »Outdoor America« zu eigen. Er nannte es nicht so, aber er fand, was wir heute suchen, und hier haben wir es mit Dingen zu tun, nicht mit Namen.

Erholung ist jedoch nicht die freie Natur, sondern unser Verhalten ihr gegenüber. Daniel Boones Verhalten hing nicht nur vom Wesen dessen ab, was er sah, sondern davon, wie er zu sehen vermochte. Die Ökologie hat eine qualitative Veränderung unseres Wahrnehmungsvermögens bewirkt. Sie hat die Ursprünge und Funktionen dessen ans Licht gebracht, was für Daniel Boone Tatsachen waren. Sie hat die Mechanismen dessen offenbart, was für Boone nur charakteristische Eigenschaften waren. Diese Veränderung ist nicht mit der Meßlatte nachzuweisen, aber wir können wohl sagen, daß Boone, verglichen mit dem befähigten Ökologen von heute, nur die Oberfläche der Dinge sah. Die unglaublichen Feinheiten der Pflanzen- und Tiergemeinschaft – die innere Schönheit des Organismus Amerika, damals in der vollen Blüte seiner Jugend – waren für Daniel Boone ebenso unsichtbar und unverständlich, wie sie es heute für Mr. Babbitt sind. Der einzige wirkliche Fortschritt im amerikanischen Erholungsgeschäft ist die Entwicklung des Wahrnehmungsvermögens der Amerikaner. Alle anderen Handlungen, die wir mit diesem Begriff zieren, sind bestenfalls Versuche, den Verwässerungsprozeß zu verzögern oder zu verdecken.

Niemand ziehe den voreiligen Schluß, daß Babbitt einen Doktor in Ökologie machen muß, bevor er sein Land »sehen« kann. Im Gegenteil, der Hochgelehrte kann so abstumpfen wie ein Leichenbestatter gegenüber den Geheimnissen, mit denen er umgeht. Wie alle wirklichen geistigen Schätze kann auch Wahrnehmung in unendlich winzige Teilchen aufgesplittert werden, ohne ihre Eigenschaft zu verlieren. Die Unkräuter auf einem Bauplatz in der Stadt übermitteln dieselbe Lehre wie die Mammutbäume Kaliforniens; der Farmer mag in seiner Kuhweide sehen, was der Wissenschaftler, der in der Südsee Abenteuer sucht, nicht gewahr wird. Kurz gesagt, Wahrnehmung kann nicht erkauft werden, nicht mit akademischen Würden oder mit Dollars; sie gedeiht zu Hause ebenso wie in der Ferne, und wer wenig davon hat, kann sie ebenso vorteilhaft anwenden wie der, der viel hat. Als Mittel zur Wahrnehmung ist die erholungsuchende Massenflucht ebenso sinnlos wie unnötig.

Ich kenne keine
sicherere Einsamkeit
als die von
einer Frühjahrsflut
bewachte.

Robert Bateman

Es gibt schließlich einen fünften Gesichtspunkt: den Sinn für die Hege. Er ist dem Naturfreund unbekannt, der für den Naturschutz eher mit seinem Stimmzettel als mit seinen Händen arbeitet. Erfolgreiche Hege kann nur verwirklicht werden, wenn das Land von einem Fachmann bewirtschaftet wird, der Verständnis dafür hat. Das heißt, die Freude daran ist Landbesitzern vorbehalten, die zu arm sind, sich die Arbeit machen zu lassen, und für Verwaltungsbeamte mit scharfem Auge und einem Sinn für die Ökologie. Der Tourist, der sich den Zutritt zu diesem Szenarium erkauft, wird es verpassen; ebenso der Jäger, der den Staat oder irgendeinen Handlanger anstellt, für ihn den Wildhüter zu spielen. Eine Regierung, die versucht, private Betreuung von Erholungsgebieten durch öffentliche zu ersetzen, gibt unbeabsichtigt einen Großteil dessen, was sie ihren Bürgern anbieten möchte, an ihre Beamten im Außendienst ab. Wir sollten Forstleute und Wildtier-Manager für unsere Arbeit als Heger wilder Ernten bezahlen, anstatt dafür bezahlt zu werden.

Daß ein tieferes Verständnis für die Hege bei der Erzeugung von Produkten ebenso wichtig ist wie die Produkte selbst, wird in der Landwirtschaft bis zu einem gewissen Grade anerkannt, aber nicht im Naturschutz. Amerikanische Jäger blicken mit Geringschätzung auf die intensive Wildnutzung auf den schottischen Mooren und in deutschen Wäldern, und in mancher Hinsicht ist das berechtigt. Aber sie übersehen vollständig das Gefühl für die Bewirtschaftung, das die europäischen Landbesitzer mit dem Abschießen entwickelt haben. Das haben wir bisher noch nicht. Es ist wichtig. Wenn wir beschließen, den Farmer mit Subventionen zu ködern, um ihn zu bewegen, einen Wald anzupflanzen, oder mit Eintrittsgeldern, damit er Wild aufzieht, geben wir damit nur zu, daß die Freuden der Naturbewirtschaftung dem Farmer und auch uns noch unbekannt sind.

Wissenschaftlern sage kurz und treffend: die Ontogenese ist eine Wiederholung der Phylogenese. Sie meinen damit, daß sich mit der Entwicklung eines jeden Individuums die Entwicklungsgeschichte der Art wiederholt. Das gilt für geistige wie auch für physische Bereiche. Der Trophäenjäger ist der wiedergeborene Höhlenmensch. Die Trophäenjagd ist das Vorrecht der Jugend, als Rasse oder als Einzelwesen, und nichts, wofür man sich entschuldigen müßte.

Das Beunruhigende an dem modernen Trophäenjäger ist, daß er nie erwachsen wird und bei ihm die Fähigkeiten zum Einsamsein, des Wahrnehmungsvermögens und zur Hege unentwickelt oder vielleicht verlorengegangen sind. Er ist die motorisierte Ameise, die über den Kontinent wimmelt, bevor sie erst einmal ihren eigenen Hausgarten kennengelernt hat, die Naturerleben konsumiert, aber nicht schafft. Er ist es, für den die Fachleute des Erholungstourismus die unberührte Natur verwässern und ihre Trophäen verkünsteln in dem guten Glauben, der Öffentlichkeit damit einen Dienst zu erweisen.

Der Trophäenjäger besitzt Eigentümlichkeiten, die auf subtile Weise zu seiner Vernichtung beitragen. Für sein Vergnügen muß er besitzen, eindringen, etwas verwenden. Deshalb hat die Wildnis, die er nicht persönlich sehen kann, für ihn keinen Wert. Daraus folgt die landläufige Meinung, daß ungenutztes Hinterland der Gesellschaft nicht dienlich sei. Für jene Phantasielosen ist ein weißer Fleck auf der Landkarte eine nutzlose Verschwendung; für andere ist er der wertvollste Teil. (Ist mein Anteil an Alaska wertlos für mich, weil ich niemals dort hingehen werde? Brauche ich eine Straße, die mich die arktischen Prärien sehen läßt, die Gänseweiden am Yukon, den Kodiakbären, die Bighorn-Wiesen hinterm Mount McKinley?)

Kurz gesagt, es sieht ganz so aus, als vernichteten die Konsumenten der *Outdoor Recreation* – gleichgültig ob Jäger oder nicht – die Basis ihrer eigenen Naturreichtümer; Fortgeschrittene verschaffen sich, zumindest bis zu einem gewisser Grade, ihre Befriedigung mit wenig oder keinem Verschleiß von Land oder Leben. Es ist die Ausweitung von Transportmöglichkeiten ohne ein entsprechend wachsendes Verständnis, die uns mit dem qualitativen Bankrott des Erholungsvorgangs bedroht. Touristische Entwicklung bedeutet nicht, daß man mehr Straßen in liebliche Landschaften baut. Vielmehr muß man Wege bauen, auf denen Sensibilität in das immer noch unliebliche menschliche Gemüt gelangen kann.

Für die Kultur primitiver Völker bildet das jagdbare Wild oft die Lebensgrundlage. So haben die Plains-Indianer den Bison nicht nur verzehrt, er beeinflußte auch weitgehend ihren Wohnstil, ihre Kleidung, Sprache, Kunst und Religion.

Bei zivilisierten Völkern verlagert sich diese Lebensgrundlage in eine andere Richtung, dennoch behält die Kultur einen Teil ihrer Wurzeln in der Wildnis. Im Folgenden werde ich über den Wert dieser Verwurzelung sprechen.

Niemand kann Kultur messen oder wiegen, deshalb werde auch ich keine Zeit mit dem Versuch verschwenden, das zu tun. Es genügt zu sagen, daß denkende Menschen darüber einer Meinung sind, daß Jagdarten, Gebräuchen und Erfahrungen, die die Beziehungen zur Natur wiederherstellen, kulturelle Wertvorstellungen zugrunde liegen. Ich wage zu behaupten, daß es drei Arten dieser Werte gibt.

Da ist zuerst der Wert einer jeden Erfahrung, die uns an unsere unterschiedliche Herkunft je nach Nation und Entwicklung erinnert, die also Geschichtsbewußtsein anregt. Ein solches Bewußtsein ist »Nationalismus« im besten Sinne. Mangels eines geeigneteren Ausdrucks werde ich es in unserem Fall als »zweigleisigen Wert« bezeichnen. Ein Beispiel: Ein Pfadfinder hat sich eine Waschbärmütze gegerbt und schlägt sich in das Weidendickicht unterhalb der Eisenbahnschienen, um Daniel Boone zu spielen. Er lebt damit amerikanische Geschichte nach. So ist er kulturell darauf vorbereitet, sich der dunklen und blutigen Wirklichkeit der Gegenwart zu stellen. Ein weiteres Beispiel: Ein Farmersjunge kommt zur Schule und riecht nach Bisamratte; er hat vor dem Frühstück seine Fallen überprüft. Dieser Junge lebt das Abenteuer des Pelzhändlers nach. Die Phylogenese wiederholt sich in der Ontogenese der Gesellschaft ebenso wie im Individuum.

Zweitens steckt ein Wert in jeder Erfahrung, die uns an unsere Abhängigkeit von der Boden-Pflanze-Tier-Mensch-Nahrungskette erinnert und an das grundlegende Gefüge der Biosphäre. Die Zivilisation hat diese elementare Mensch-Erde-Beziehung derart mit Technik und Mittelspersonen vollgestopft, daß das Bewußtsein dafür immer schwächer wird. Wir bilden uns ein, daß die Industrie uns erhält, und vergessen dabei, was die Industrie erhält. Es gab eine Zeit, als die Erziehung bodenständig war, sich in Richtung der Erde bewegte und nicht weg davon. Kinderreime und Volkslieder erinnern uns daran, daß der Mensch einst jagen mußte, um seine Familie zu ernähren und zu kleiden.

Drittens ist jede Erfahrung wertvoll, die eine ethische Beherrschung fordert, die gemeinhin Waidgerechtigkeit genannt wird. Unsere Werkzeuge zur Verfolgung des Wildes verbessern sich schneller als wir selbst. Waidgerechtigkeit ist dabei eine freiwillige Beschränkung in der Benutzung solcher Waffen. Sie zielt darauf ab, den Anteil an Geschicklichkeit zu vergrößern und die Rolle der technischen Hilfsmittel bei der Verfolgung von Wild und Natur zu verringern.

Eine eigentümliche Kraft der Jagdethik besteht darin, daß der Jäger für gewöhnlich kein Publikum hat, das sein Verhalten gutheißt oder mißbilligt. Was auch immer er tut, es wird von seinem Gewissen bestimmt und nicht von einer Zuschauermenge. Die Wichtigkeit dieser Tatsache kann nicht hoch genug eingeschätzt werden.

Die freiwillige Unterwerfung unter einen Ehrenkodex hebt die Selbstachtung des Jägers, aber man sollte auch nicht vergessen, daß eine bewußte Mißachtung des Kodexes ihn als unmoralisch und entartet abstempelt. Beispielsweise lautet ein gemeinsamer Nenner eines jeden Jagd-Kodexes, gutes Fleisch nicht verkommen zu lassen. Und doch ist es eine nachweisbare Tatsache, daß die Hirschjäger von Wisconsin bei der Jagd auf zum Abschuß freigegebene Hirsche in den Wäldern mindestens eine Hirschkuh, ein Kalb oder einen Spießer für je zwei erlaubte Hirsche abschießen und im Wald liegen lassen. Mit anderen Worten, ungefähr die Hälfte der Jäger schießt auf einen anderen Hirsch, bis ein zum Abschuß freigegebener erlegt ist. Die verbotenerweise getöteten Tiere werden liegengelassen, wo sie gerade umfallen. Eine derartige Hirschjagd ist nicht nur ohne Wert für die Gesellschaft, sondern stellt tatsächlich eine Vorübung für ethische Verwahrlosung auf anderen Gebieten dar.

So scheint es, daß Zweigleisigkeits- und Mensch-Erde-Erfahrun-

125

gen Null- oder Pluswerte haben, daß aber ethische Erfahrungen auch ebensogut Minuswerte haben können.

Das definiert dann grob drei Arten kulturellen Nährstoffs in unseren naturverbundenen Ursprüngen. Daraus folgert nicht, daß die Natur genährt wird. Ein Wertgewinn erfolgt nie automatisch, nur eine gesunde Kultur kann nähren und wachsen. Wird die jagdliche Kultur durch unsere heutige Formen und Bemühungen um Erholung in der Natur, *Outdoor Recreation*, genährt?

Die Pionierzeit gebar zwei Regeln, die zur Grundlage des zweigleisigen Wertes der Jägerei wurden. Eine ist der Begriff des leichten Gepäcks, die andere lautet: »Eine Kugel für einen Hirsch.« Für den Pionier war leichtes Gepäck eine Notwendigkeit. Er schoß sparsam und genau, weil ihm die Transportmöglichkeiten, das Geld und die Waffen für Maschinengewehrtaktiken fehlten. Es ist völlig klar, daß uns diese beiden Haltungen bei ihrer Einführung aufgezwungen wurden; wir haben aus der Not eine Tugend gemacht.

In ihrer Weiterentwicklung wurden sie jedoch zum Ehrenkodex, zu einer selbstauferlegten Beschränkung des Jagens. Auf ihnen beruht die ausgesprochen amerikanische Tradition von Selbstvertrauen, Unerschrockenheit, Waidgerechtigkeit und Schießkunst. Sie sind unantastbar, aber nicht zu verallgemeinern. Theodore Roosevelt war ein großer Jäger, nicht weil er viele Trophäen an seine Wände gehängt hat, sondern weil er diese unantastbare amerikanische Tradition mit Worten ausdrückte, die jeder Schuljunge verstehen konnte. Eine subtilere und genauere Beschreibung finden wir in den frühen Schriften von Stewart Edward White. Man liegt sicher ziemlich richtig, wenn man sagt, daß solche Männer kulturelle Wertvorstellungen hervorgebracht haben, weil sie sie empfanden und eine Grundlage für ihre Weiterentwicklung geschaffen haben.

Dann kam der Zubehörtechniker, der auch als Sportartikelhändler bekannt ist. Er hat den amerikanischen Waidmann mit einer Unzahl technischer Neuheiten überschüttet, die alle als Hilfsmittel für Selbstvertrauen, Unerschrockenheit, Waidgerechtigkeit und Schießkunst angeboten werden, aber allzuoft nur als Ersatz dafür dienen. Zubehör füllt die Taschen, es baumelt von Hals und Gürtel. Der Überfluß füllt den Kofferraum und auch den Anhänger. Jeder einzelne Gegenstand der Freizeitausrüstung wird leichter und oft besser, die Summe aber wiegt tonnenschwer. Der Umsatz im Zubehör-handel beläuft sich auf astronomische Summen, die ganz ernsthaft als »ökonomischer Wert der Wildtiere« angepriesen werden. Was aber ist mit den kulturellen Werten?

Die Endstation ist der Entenjäger, der im Stahlboot hinter künstlichen Lockenten sitzt. Ein tuckernder Motor hat ihn ohne körperliche Anstrengung zu seinem Ansitz gebracht. Mechanische Wärme wird ihn wärmen, falls ein kühler Wind aufkommt. Er verständigt sich mit den vorüberfliegenden Schwänen mittels einer fabrikgefertigten Lockpfeife, in verführerischen Tönen, wie er hofft; mit Hilfe einer Schallplatte hat er zu Hause gelernt, wie es gemacht wird. Die Lockenten tun ihre Wirkung, ungeachtet der Lockpfeife; ein Schwarm kreist herein. Er muß beschossen werden, bevor er zum zweiten Mal kreist, denn die Marsch starrt von anderen Jägern, die ähnlich ausstaffiert sind und die zuerst schießen könnten. Er eröffnet bei 63 Metern, denn sein moderner variierbarer Schrotlauf ist auf unendlich eingestellt und die Werbung hat ihm eingeredet, daß Super-Z-Patronen, und zwar möglichst viele, eine große Reichweite haben. Der Entenschwarm lodert auf. Ein paar Verletzte entkommen, um anderswo zu sterben. Hat dieser Jäger mit kulturellen Werten zu tun? Oder füttert er nur die Nerze? Der nächste Ansitz eröffnet das Feuer bei 68 Metern; wie sonst sollte man überhaupt zu Schuß kommen? Das ist Entenjagd heutiger Prägung. Sie ist typisch für allen öffentlichen Reviere und für viele Vereine. Wo blieb die Idee vom leichten Gepäck, die Eine-Kugel-Tradition?

Die Antwort ist nicht einfach. Roosevelt hat das moderne Jagdgewehr nicht verschmäht; White hat den Aluminiumtopf, das Seidenzelt und die Trockennahrung ungeniert benutzt. Sie benutzten mechanische Hilfen mit Maßen, ohne von ihnen benutzt zu werden.

Ich gebe nicht vor zu wissen, was Mäßigung bedeutet und wo die Grenze zwischen erlaubten und unerlaubten Hilfsmitteln liegt. Es scheint jedoch klar, daß der Ursprung des Zubehörs viel mit ihrer kulturellen Wirkung zu tun hat. Selbstgefertigte Hilfsmittel für die Jagd oder das Leben im Freien steigern oft das Mensch-Erde-Drama, statt es zu zerstören; wer eine Forelle mit der selbstgefangenen Fliege fängt, hat zwei Treffer erzielt, nicht einen. Ich selbst benutze viele industriell gefertigte Hilfen. Dennoch muß es eine Grenze geben, hinter der mit Geld gekauftes Zubehör für die Jagd oder die Sportfischerei den kulturellen Wert dieser Tätigkeiten zerstört.

Nicht alle Jagdarten sind so heruntergekommen wie die Entenjagd. Es gibt sie noch, die Schützer der amerikanischen Tradition. Vielleicht setzen die Pfeil-und-Bogen-Bewegung und das Wiederaufleben der Falknerei ein Zeichen für den Beginn eines Umschwungs. Der Trend geht jedoch eindeutig in Richtung wachsener Mechanisierung, bei entsprechender Verkümmerung kultureller Werte, besonders der zweigleisigen Werte und der ethischen Selbstbeschränkung.

Der amerikanische Jäger ist in Verlegenheit geraten: er versteht nicht, was mit ihm geschieht. Größeres und besseres Zubehör ist gut für die Industrie, warum nicht auch für seine Freizeit in der Natur? Ihm ist noch nicht aufgegangen, daß Erholung im Freien im wesentlichen ursprünglich und atavistisch ist; daß ihr Wert im Kontrast liegt; daß übermäßige Mechanisierung die Kontraste zerstört, indem sie die Fabrik in die Wälder oder in die Marsch bringt.

Der Jäger hat keine Anführer, die ihm sagen, was falsch ist. Die Jagdpresse vertritt die Jagd nicht mehr; sie ist zur Werbefläche der Zubehörindustrie geworden. Die Verwaltungen von Jagdgründen sind zu sehr beschäftigt damit, für genügend Wild zum Abschuß zu sorgen, um sich darum zu kümmern, welchen kulturellen Wert das Schießen hat. Weil jeder, von Xenophon bis Roosevelt, gesagt hat, daß die Jagd wertvoll sei, wird angenommen, dieser Wert sei unzerstörbar.

Unter den Jagd-Arten ohne Schießpulver hatte der Einbruch der Technik andere Wirkungen. Das moderne Fernglas, der Fotoapparat und das Aluminiumband zum Beringen von Vögeln haben gewiß den kulturellen Wert der Vogelkunde nicht vermindert. Sportfischen, abgesehen von Außenbordmotoren und Aluminiumbooten, scheint weniger von der Technisierung betroffen zu sein als die Jägerei. Andererseits haben die motorisierten Transportmittel Wandertouren in der Wildnis fast unmöglich gemacht, weil sie für Wanderer nur fliegendreckgroße Stellen echter Wildnis übrigließen.

Die Fuchshetzjagd mit Hunden nach alter Art ist ein sehr anschauliches Beispiel teilweiser und vielleicht harmloser Wirkung technischer Neuerungen. Sie ist eine der ursprünglichsten Jagdarten und trägt durchaus die Kennzeichen des »Zweigleisigen«; es ist ein Mensch-Erde-Drama allererster Güte. Der Fuchs wird bewußt nicht geschossen, und das zeigt eine gewisse ethische Zurückhaltung. Aber heute folgen wir dem gehetzten Wild in Autos! Die Stimme des Jagdhorns vermischt sich mit dem Hupen der Kisten! Dennoch wird kaum jemand einen mechanischen Jagdhund erfinden oder ein Repetiergewehr auf dessen Nase schrauben. Wohl kaum einer wird das Abrichten des Jagdhundes auf Schallplatten lehren oder andere schmerzlose Ersatzmöglichkeiten dafür erfinden. In der Hundewelt ist die Zubehörindustrie, wie ich glaube, an ihre Grenzen gestoßen.

Es ist nicht ganz richtig, alle Übel der Jagd den Erfindern des Zubehörs zuzuschreiben. Die Werbung erfindet Ideen, und Ideen sind selten so ehrlich wie physische Objekte, wenngleich sie ebenso nutzlos sein mögen. Eine solcher Ideen verdient besondere Erwähnung: die »Wohin-sollen-wir-gehen«-Abteilung. Das Wissen um den richtigen Ort für gute Jagd und gutes Fischen ist ein sehr persönliches Eigentum. Es ist wie Angelrute, Hund oder Flinte: man verschenkt oder verleiht es nur aus Zuneigung; wenn es aber im Freizeitteil einer Zeitung zur Verbesserung der Auflage verhökert wird, scheint mir das eine andere Sache. Warum dies auch noch als kostenloser »Dienst an der Öffentlichkeit« an Hinz und Kunz weitergegeben wird, ist mir vollkommen unverständlich. Selbst »Naturschutz«-Behörden verraten heute Krethi und Plethi, wo die Fische am besten beißen und wo eine Schar Enten rechtzeitig für eine Mahlzeit einfallen wird.

Dieses ganze organisierte Durcheinander führt dazu, eines der grundlegenden persönlichen Elemente der Jagd zu entpersönlichen. Ich weiß nicht, wo die Grenze zwischen rechtmäßigen und unrechtmäßigen Praktiken liegt; ich bin jedoch überzeugt, daß der »Wohin-sollen-wir-gehen«-Service alle Grenzen der Vernunft überschritten hat.

Wenn die Jagd und die Fischerei ergiebig sind, genügt der »Wohin-sollen-wir-gehen«-Dienst, um die gewünschte Überzahl von Interessenten anzuziehen. Wenn sie aber nicht ergiebig sind, muß der Inserent sein Heil in überzeugenderen Maßnahmen suchen. Eine davon ist die Anglerlotterie, wobei einige Fische aus Zuchtanstalten mit Schildchen versehen werden und der Angler, der die Gewinnzahl zieht, einen Preis bekommt. Diese merkwürdige Mischung von wissenschaftlichen Techniken und Spielhalle garantiert das Überfischen von manch einem ohnehin schon erschöpften See und bringt so mancher örtlichen Handelskammer einen Glanz von Bürgerstolz.

Für die professionellen Wildtier-Manager ist es müßig, sich diesem Treiben nicht zugehörig zu fühlen. Produzent und Verkäufer gehören derselben Gesellschaft an; sie sind um kein Haar besser.

Wildtier-Manager versuchen Wild in der freien Natur aufzuziehen, indem sie diese manipulieren und auf diese Weise die Jägerei von der Ausbeutung zur Ernte umwandeln. Wenn diese Umwandlung stattfindet, wie wird sie sich dann auf kulturelle Werte auswirken? Man muß zugeben, daß der Gedanke der Zweigleisigkeit und die Zugänglich-für-jeden-Ausbeutung geschichtlich zusammengehören. Daniel Boone hatte wenig mit landwirtschaftlichen Ernten im Sinn, gar nicht zu reden von Wild-Ernten. Vielleicht ist die sture Abneigung des Sonntagsjägers gegenüber der Ernte-Idee ein Ausdruck seines zweigleisigen Erbes. Wahrscheinlich stammt der Widerstand gegen die Ernte daher, daß sie sich mit der einen Komponente der Zweigleisigkeits-Tradition nicht vertrug: der freien Jägerei.

Mechanisierung bietet für mich keinen sichtbaren kulturellen Ersatz für die zweigleisigen Werte, die es zerstört. Wildtier-Bewirtschaftung oder Wildtier-Management können jedoch in meinen Augen einen gleichwertigen Ersatz bieten: die Hege von Wildtieren. Die Erfahrung aus der Landwirtschaft auf die Bewirtschaftung von Wildtieren zu übertragen, hat für mich den gleichen Wert wie jede andere Form der Bewirtschaftung; es gemahnt an die Mensch-Erde-Beziehung. Darüber hinaus sind ethische Einschränkungen beteiligt; die Bewirtschaftung von Wildtieren ohne bei der Kontrolle von Raubtieren Zuflucht zu suchen, bedeutet ethische Beherrschung in höchstem Maße. Wir können daraus schließen, daß Wildtier-Bewirtschaftung den einen Wert (den zweigleisigen) zwar beeinträchtigt, aber die anderen beiden steigert.

Wenn wir Jagd in Feld und Wald als einen Konflikt zwischen der ungeheuer kraftvollen Mechanisierung und einer gänzlich stagnierenden Tradition ansehen, dann ist die Aussicht für die kulturellen Werte tatsächlich finster. Aber warum kann unsere Vorstellung von

Jagd nicht mit derselben Energie wachsen wie unsere Zubehörliste? Vielleicht liegt die Rettung der kulturellen Werte darin, die Offensive zu ergreifen. Ich glaube, daß die Zeit dafür gekommen ist. Jäger und Fischer können selbst die Form kommender Dinge bestimmen.

Beispielsweise hat das letzte Jahrzehnt eine völlig neue Jagd-Methode hervorgebracht, die die Natur nicht zerstört, die Zubehör benutzt, ohne von ihm benutzt zu werden, für die Jagdverbotsschilder kein Problem mehr darstellen und die das Ausmaß menschlicher Nutzung eines gegebenen Areals stark vergrößert. Diese Methode kennt keine Abschußbegrenzung und keine Schonzeit. Sie benötigt Lehrer, aber keine Wildhüter. Sie verlangt nach einer völlig neuen Waidmannskunst, die höchstens kulturellen Wertansprüchen genügt. Die Methode, die ich meine, heißt Wildforschung.

Wildforschung begann als eine Art heilige Zunft von Fachleuten. Die schwierigeren und aufwendigen Forschungsaufgaben gehören zweifellos weiterhin in die Hände von Fachleuten, aber es gibt viele Aufgaben, die von Amateuren aller Bildungsgrade übernommen werden können. Auf dem Gebiet technischer Erfindungen hat sich die Forschung längst auf die Amateure ausgedehnt. In der Biologie fängt man gerade erst damit an, den sportlichen Wert von Liebhaberforschung zu erkennen.

So hat Margaret Morse Nice, eine Vogelfreundin, Singammern in ihrem Hausgarten beobachtet. Sie wurde eine weltweit anerkannte Kapazität für das Verhalten von Vögeln und hat sowohl in ihren Überlegungen als auch in ihrer Praxis manchen professionellen Beobachter des Sozialverhaltens bei Vögeln übertroffen. Charles L. Broley, ein Bankier, beringte Adler, weil es ihm Freude machte. Er entdeckte eine bis dahin unbekannte Tatsache: daß manche Adler im Winter im Süden nisten und dann zur »Sommerfrische« in die nordischen Wälder ziehen. Norman und Stuart Criddle, Weizenfarmer aus den Prärien Manitobas, untersuchten das Tier- und Pflanzenleben auf ihrer Farm und wurden anerkannte Experten für verschiedene Fachgebiete von der Ortsflora bis hin zu den Wildtier-Zyklen. Elliott S. Barker, ein Viehzüchter aus den Bergen Neu Mexikos, hat eines der besten Bücher über den Berglöwen, eine äußerst scheue Katze, geschrieben. Glaubt aber nun nicht etwa, diese Leute hätten aus Spaß Arbeit gemacht. Sie haben lediglich gemerkt, daß doch die größte Freude darin liegt, das Unbekannte zu sehen und zu erforschen.

Vogel-, Säugetier- und Pflanzenkunde, wie sie heute den meisten Liebhabern bekannt sind, sind jedoch Kindergartenspiele verglichen mit dem, was auf diesen Gebieten für Amateure möglich ist (und ihnen offensteht). Ein Grund dafür ist, daß das gesamte Gefüge der naturkundlichen Erziehung (einschließlich der Wildkunde) darauf abzielt, das Monopol der Fachleute auf Forschung zu zementieren. Den Amateuren werden nur sogenannte Entdeckungsreisen zugestanden, um nachzuprüfen, was der Fachmann bereits weiß. Was man der Jugend sagen muß, ist daher, daß ein Schiff in ihrem eigenen geistigen Trockendock entsteht – ein Schiff, das für die Freiheit der Meere gemacht ist. Die Förderung der Wildforschung als einer Freizeitbetätigung ist die wichtigste Aufgabe für die Fachleute aus dem Wildtier-Management. Das Wild hat noch eine andere Bedeutung, die heute nur wenige Ökologen sehen, die aber möglicherweise für die gesamte Menschheit wichtig sein kann.

So wissen wir heute, daß Tiergesellschaften Verhaltensweisen besitzen, die dem einzelnen Tier nicht bewußt sind, die es aber dennoch ausführt. So weiß das Kaninchen nichts von Zyklen, aber es ist der Träger der Zyklen.

Diese Zyklen können wir nicht beim Einzeltier oder innerhalb einer kurzen Zeitspanne erkennen. Die sorgfältigste Überprüfung sagt uns nichts über Zyklen. Der Zyklenbegriff entstammt der Erforschung einer großen Anzahl von Tieren über Jahrzehnte.

Das führt zu der beunruhigenden Frage: Haben menschliche Populationen Verhaltensmuster, die uns nicht bewußt sind, die wir aber auszuführen mithelfen? Sind Pöbelhaufen und Kriege, Unruhen und Revolutionen aus diesem Stoff geschneidert?

Viele Historiker und Philosophen legen unser kollektives Verhalten beharrlich als das gesammelte Ergebnis einzelner Willensakte aus. Die gesamte Diplomatie geht von der Annahme aus, daß eine politische Gruppierung alle Eigenschaften einer ehrenwerten Person hat. Andererseits sehen manche Ökonomen die gesamte Gesellschaft als ein Spielzeug für Vorgänge, die wir großenteils erst hinterher verstehen.

Man kann wohl davon ausgehen, daß unser Sozialverhalten einen größeren Willensanteil hat, als das beim Kaninchen der Fall ist, aber es ist ebenso sinnvoll anzunehmen, daß wir als Spezies Verhaltensweisen besitzen, über die nichts bekannt ist, weil die Umstände sie nie hervorgebracht haben. Andere wiederum mag es geben, die wir mißdeutet haben.

Diese Zweifel an den Grundlagen der Verhaltensweisen menschlicher Bevölkerungen verleihen der einzigen zum Vergleich verfügbaren Verwandtschaft ein außerordentliches Interesse und einen außerordentlichen Wert: den höheren Tieren. Errington hat, neben anderen, den kulturellen Wert dieser Tieranalogien aufgezeigt. Jahrhundertelang blieb uns diese reiche Bibliothek des Wissens unzugänglich, weil wir nicht wußten, wo oder wie wir danach suchen sollten. Die Ökologie lehrt uns nun, in Tierpopulationen nach Ähnlichkeiten zu unseren eigenen Problemen zu suchen. Wenn wir erfahren, wie ein kleiner Teil der Biosphäre funktioniert, können wir daraus auf den ganzen Mechanismus schließen. Die Fähigkeit, diese tieferen Zusammenhänge zu verstehen und kritisch zu bewerten, ist die Waidmannskunst der Zukunft.

Zusammenfassend sei gesagt, daß das Wild uns einst ernährt und unsere Kultur geprägt hat. Noch immer gibt es uns Freude in unseren Mußestunden, aber wir versuchen, diese Freude mit moderner Maschinerie zu ernten und zerstören so einen Teil ihres Wertes. Sie durch eine zeitgemäße Einstellung zu gewinnen, würde nicht nur Freude, sondern auch Weisheit bringen.

Die Wildnis ist das Rohmaterial, aus dem der Mensch das Kunstprodukt gemeißelt hat, das als Zivilisation bezeichnet wird.

Wildnis war nie ein gleichförmiges Rohmaterial. Sie war sehr unterschiedlich, und die sich daraus ergebenden Kunstprodukte sind sehr verschieden. Man nennt sie Kulturen. Die reiche Vielfalt der Kulturen der Welt spiegelt eine entsprechende Vielfalt der Wildnis wider, aus der sie entstanden sind.

Erstmals in der Geschichte der Menschheit drohen nun zwei Veränderungen. Die eine ist die Erschöpfung der Wildnis in den bewohnbaren Teilen der Erde. Die andere ist die weltweite Vermischung von Kulturen durch moderne Transportmittel und Industrialisierung. Keine dieser beiden Veränderungen läßt sich verhindern, und vielleicht sollte man es auch gar nicht versuchen, aber es erhebt sich die Frage, ob durch ein vorsichtiges Einwirken auf die bestehende Situation bestimmte Werte erhalten werden können, die sonst verloren gehen würden.

Für den im Schweiße seines Angesichts Arbeitenden ist das Rohmaterial auf seinem Amboß ein Gegner, der besiegt werden muß. In diesem Sinn war auch die Wildnis für den Pionier ein Gegner.

Aber für den, der in seiner Freizeit ein interessiertes Auge auf seine Welt wirft, ist dasselbe Rohmaterial etwas zum Lieben und Hegen, denn es verleiht seinem Leben eine Bestimmung und Bedeutung. Dies ist ein dringender Appell zur Erhaltung einiger Restbestände von Wildnis als Museumsstücke zur Erbauung derer, die vielleicht eines Tages den Ursprung ihres kulturellen Erbes sehen, fühlen oder erforschen möchten.

134

Die Überreste

Viele der verschiedenen Wildnisgebiete, aus denen wir Amerika herausgemeißelt haben, sind bereits verschwunden; daher sollten in jedem sinnvollen Hilfsprogramm die zu erhaltenden Gebietseinheiten in Größe und Wildheitsgrad unterschiedlich sein.

Nie wieder wird ein Lebender die Hochgrasprärie sehen, wo ein Meer von Prärieblumen bis an die Steigbügel der Pioniere reichte. Wir täten gut daran, hier und da vierzig Morgen zu finden, auf denen Präriepflanzen als Arten erhalten werden können. Es gab Hunderte solcher Pflanzen, manche von außerordentlicher Schönheit. Viele davon sind den Erben ihres Lebensraums völlig unbekannt.

Die Kurzgrasprärie jedoch, wo einst Cabeza de Vaca den Horizont unter den Bäuchen der Bisons sehen konnte, existiert noch an wenigen Stellen in 10 000 Morgen großen Flecken, wenngleich sie übel zugerichtet ist von Schafen, Rindern und Trockenfarmern. Wenn die *Forty-Niner* (die Goldgräber des Jahres 1849) es wert sind, daß man die Erinnerung an sie an den Wänden des Kapitols wachhält, ist dann nicht auch die Landschaft, in der sie ihre Karriere begannen, es wert, in einigen nationalen Prärieschutzgebieten in Erinnerung behalten zu werden?

Von den Prärien der Küstenregion gibt es noch Restgebiete in Florida und in Texas. Aber Erdölfelder, Zwiebeläcker und Pflanzungen mit Zitrusfrüchten umzingeln sie – bis zu den Zähnen bewaffnet mit Bohrgerät und Bulldozern. Es ist höchste Zeit.

Nie wieder wird ein Lebender die Kiefern-Urwälder der Bundesstaaten um die großen Seen oder die Sumpfwälder der Küstenebene oder die riesigen Laubwälder schauen; von diesen werden Überreste von jeweils einigen Morgen ausreichen müssen. Aber noch gibt es einige Gebiete von jeweils eintausend Morgen mit Ahornschierling; es gibt ähnliche Gebiete mit Laubwald in den Appalachen, mit Auwald und Zypressensümpfen im Süden und mit Fichten in den Adirondakes. Nur wenige dieser Restgebiete werden in der Zukunft vor Abholzen sicher sein und noch weniger vor Touristenstraßen.

Daß das Land eine Gesamtheit ist,
ist das Grundkonzept der Ökologie,
daß es geliebt und geachtet werden muß,
gehört zur Ethik.

Daß das Land eine kulturelle Ernte bringt,
ist seit langem bekannt . . .

Eine der am schnellsten schwindenden Wildnis-Kategorien sind die Küstengebiete. Landhäuser und Touristenstraßen haben an beiden Ozeanen die wilden Küstenstriche fast vernichtet, und der Lake Superior verliert gerade den letzten großen Rest wilder Küstenlandschaft an den Great Lakes. Keine einzige Wildnis ist enger mit der Geschichte verwoben als diese, und keine ist der vollständigen Zerstörung näher.

In ganz Nordamerika östlich der Rocky Mountains gibt es nur ein größeres Gebiet, das als Wildnis geschützt ist: den *Quetico Superior International Park* in Minnesota und Ontario. Diese herrliche Region der Kanuwanderer ist ein Mosaik von Seen und Flüssen und liegt größtenteils in Kanada, das damit auch im wesentlichen über deren Erhalt bestimmt. Aber ihre Unversehrtheit wird von zwei neuen Entwicklungen bedroht: der Zunahme von Angelsportgebieten, die von Wasserflugzeugen aus bedient werden, und dem Zuständigkeitsstreit, ob der ganze in Minnesota gelegene Teil *National Forest* oder teilweise Staatsforst werden soll. Die ganze Gegend ist von Zwangsenteignungen bedroht, und diese bedauerliche Spaltung zwischen den Verfechtern des Wildnisgedankens kann leicht damit enden, daß die Staatsmacht die Oberhand gewinnt.

In den Rocky-Mountain-Staaten wurde eine Anzahl von Gebieten in den *National Forests*, die zwischen einhunderttausend und einer halben Million Morgen groß sind, als Wildnis deklariert und für Straßenbau, Hotels und andere schädliche Nutzung gesperrt. Für die Nationalparks gilt dasselbe Prinzip, allerdings ohne Festlegung bestimmter Einschränkungen. Insgesamt sind diese Gebiete auf Bundesebene das Rückgrat des Wildnis-Programms, aber sie sind nicht so gesichert, wie die schriftliche Fixierung glauben machen möchte. Örtlicher Druck für neue Touristenstraßen kostet hier ein Stückchen und da einen Brocken. Alljährlich gibt es Zwänge zur Straßenerweiterung für die Bekämpfung von Waldbränden, und langsam, aber sicher werden diese Straßen zu öffentlichen Landstraßen. Stillgelegte Lager des *Civil Conservation Corps* stellten eine weitverbreitete Versuchung dar, neue und häufig unnötige Straßen zu bauen. Holzverknappung während des Krieges gab den Anstoß zu vielen Erweiterungen des Straßennetzes – ob rechtmäßig oder nicht – aus militärischen Gründen. Augenblicklich werden in vielen Gebirgsgegenden

Skilifte und Skihotels errichtet, oftmals ohne Rücksicht auf deren ursprüngliche Ausweisung als Wildnis.

Einer der heimtückischsten Eingriffe in die Wildnis erfolgt über die Kontrolle von Raubwild. Das geht so vor sich: Wölfe und Pumas werden in einem Gebiet zugunsten des Schalenwildes eliminiert. Das Schalenwild, gewöhnlich Weißwedel- oder Wapitihirsche, vermehrt sich dann dermaßen, daß es das Gelände überweidet. Nun müssen die Jäger ermutigt werden, den Überfluß abzuschöpfen. Doch moderne Jäger weigern sich, weit abseits ihrer Autos aktiv zu werden; folglich muß eine Zufahrtstraße gebaut werden, um Zugang zu dem überschüssigen Wild zu schaffen. Immer wieder wurden Wildnisgebiete durch einen solchen Prozeß geteilt, ohne daß es bis heute ein Ende gefunden hätte.

Die ausgewiesene Wildnis der Rocky Mountains beherbergt eine weite Skala verschiedener Waldtypen, von den Wacholderlichtungen des Südwestens bis hin zu den »grenzenlosen Wäldern, wo der Oregon fließt«. Wüstengebiete fehlen jedoch ganz, wahrscheinlich weil sie den Makel der ästhetischen Unreife tragen, da sich die Definition »landschaftlicher Schönheit« auf Seen und Tannenbäume beschränkt.

In Kanada und Alaska gibt es noch weite Gebiete jungfräulichen Landes, »wo namenlose Männer an namenlosen Flüssen wandern und fremd, allein in fremden Tälern sterben.«

Eine repräsentative Auswahl dieser Gebiete kann und sollte erhalten werden. Viele davon haben geringen oder keinen Wert für eine wirtschaftliche Nutzung. Es wird natürlich behauptet werden, daß für ihre Erhaltung keine Planung notwendig sei, daß entsprechende Gegenden sowieso überleben werden. Die gesamte Erfahrung der letzten Jahre widerlegt solche besänftigenden Argumente. Selbst wenn Wildnisflecken überleben, was wird aus ihrer Tierwelt? Das Waldkaribu, die verschiedenen Bergschafrassen, die reine Art des Waldbisons, der Barren Ground Grizzly Bär, die Süßwasserrobben und die Wale sind heute schon bedroht. Doch was nutzen Wildnis-Gebiete ohne ihre charakteristischen Tiere? Das kürzlich gegründete Arktische Institut hat mit der Industrialisierung der arktischen Ödländer begonnen, mit den besten Erfolgsaussichten, sie als Wildnis-Gebiete zu zerstören. Wir sind am Wendepunkt, selbst im hohen Norden.

In welchem Ausmaß Kanada und Alaska in der Lage sein werden, ihre Möglichkeiten sehen und erfassen zu können, kann man nur vermuten. Für gewöhnlich spotten Pioniere über alle Bemühungen, die Pionierzeit fortdauern zu lassen.

Wildnis zur Erholung

Der physische Kampf ums Überleben war ungezählte Jahrhunderte lang eine wirtschaftliche Realität. Als er wegfiel, führte uns ein gesunder Instinkt dazu, ihn als athletischen Sport und als Spiel zu erhalten.

Der physische Kampf zwischen Mensch und Tier war in der gleichen Weise eine wirtschaftliche Tatsache, die bis heute in der Jagd und im Fischen als Sport erhalten ist.

Öffentliche Wildnisgebiete sind in erster Linie ein Mittel, die eher männlichen und primitiven Fertigkeiten der Fortbewegung und des Überlebens in sportlicher Form fortbestehen zu lassen.

Diese Fertigkeiten sind allgemein verbreitet. Einzelheiten wurden zwar dem amerikanischen Schauplatz angepaßt, aber die Fertigkeiten als solche bestehen weltweit. Jagen, Fischen und Wandern sind Beispiele dafür.

Zwei davon sind jedoch so typisch amerikanisch wie der Hickorybaum; wohl wurden sie andernorts nachgeahmt, zur Perfektion entwickelt wurden sie jedoch nur auf dem amerikanischen Kontinent. Eine davon ist das Kanuwandern, die andere das Wandern mit Packpferden. Beide schwinden rasch dahin, denn der moderne Indianer an der Hudson Bay hat einen Außenbordmotor und der Gebirgstourist einen Ford. Wenn ich meinen Lebensunterhalt mit Kanu oder Packpferd verdienen müßte, würde ich es ebenso machen, denn beides ist strapaziöse Arbeit. Wir aber, die wir Wandern in der Wildnis als Hobby betreiben, stehen ziemlich dumm da, wenn wir gezwungen sind, mit mechanisierten Surrogaten in Wettbewerb zu treten. Es wäre peinlich, ein Kanu umzusetzen, während Motorbarkassen ihre Begleitmusik dazu spielen, oder das Packpferd auf der Wiese eines Sommerhotels abzustellen. Da bleibt man besser daheim.

Wildnisgebiete sind in erster Linie geschützte Gegenden für die Ausübung der ursprüngliche Kunst des Reisens in der Wildnis, insbesondere mit Kanu und Packpferd.

Ich nehme an, daß manche erörtern möchten, ob es überhaupt wichtig ist, diese ursprünglichen Künste lebendig zu erhalten. Ich werde es nicht tun. Entweder man spürt es in seinen Knochen oder man ist sehr, sehr alt.

In Europa führen Jagen und Fischen nicht unbedingt zu dem Wunsch, Wildnisgebiete zu erhalten wie in Nordamerika. Europäer zelten, kochen oder arbeiten nicht in den Wäldern, wenn es sich vermeiden läßt. Die Arbeit überläßt man Treibern und Bediensteten, und eine Jagd ist eher ein Picknick als eine Pioniertat. Der Nachweis der Fertigkeit ist hauptsächlich auf den eigentlichen Akt des Schießens oder Angelns beschränkt.

Es gibt Leute, die Sport in der Wildnis als »undemokratisch« verschreien, weil statistisch gesehen die Auslastungsmöglichkeit eines Wildnisgebietes verglichen mit einem Golfplatz oder einem Gelände zum Zelten klein ist. Der grundlegende Irrtum bei dieser Argumentation besteht darin, daß dabei der Gedanke der Massenproduktion auf etwas angewandt wird, das ihm bewußt entgegengesetzt werden soll. Erholungswert kann nicht in Ziffern dargestellt werden. Erholung ist so wertvoll wie die Intensität ihrer Erfahrung, und sie ist es in dem Ausmaß, wie sie sich vom Arbeitsalltag unterscheidet und im Gegensatz zu ihm steht. Gemessen daran sind die technisierten Ausflüge saft-und kraftlose Angelegenheiten.

Technisierte Erholung hat bereits neun Zehntel der Wälder und Berge an sich gerissen; Anstand und Achtung gegenüber Minderheiten sollten das restliche Zehntel der Wildnis überlassen.

Wildnis für die Wissenschaft

D ie wichtigste Eigenschaft eines Organismus ist jene Fähigkeit zur Selbsterneuerung, die unter der Bezeichnung Gesundheit bekannt ist.

Es gibt zwei Organismen, deren Selbsterneuerungsprozesse menschlicher Einmischung und Beherrschung unterworfen wurden. Einer davon ist der Mensch selbst (Medizin und öffentliches Gesundheitswesen). Der andere ist der Boden (Landwirtschaft und Naturschutz).

Die Bemühungen, die Gesundheit des Landes zu überwachen, waren nicht sehr erfolgreich. Heute ist allgemein bekannt, daß Land krank ist, wenn es seine Fruchtbarkeit verliert oder schneller ausgewaschen wird, als es sich regenerieren kann, oder wenn es zu anormale Überschwemmungen oder Wasserverknappungen kommt.

Andere Störungen sind als Tatsachen bekannt, aber noch nicht als Symptome eines kranken Landes erkannt worden. Das Verschwinden von Pflanzen- und Tierarten ohne ersichtliche Ursache, trotz aller Bemühungen, sie zu schützen, und das Aufkommen anderer als Schädlinge, trotz der Bemühungen, sie zurückzuhalten, müssen – da einfachere Erklärungen fehlen – als Krankheitssymptome im Gesamtorganismus des Landes angesehen werden. Beides kommt zu oft vor, als daß es als normaler Entwicklungsvorgang abgetan werden könnte.

Der Stand unserer Erkenntnis dieser Krankheiten des Landes spiegelt sich in der Tatsache wider, daß Heilung vorwiegend auf lokaler Ebene versucht wird. Wir schütten Dünger auf den Boden, wenn er seine Fruchtbarkeit verliert, und wechseln bestenfalls die Kulturpflanzen und Haustiere aus, ohne zu berücksichtigen, daß wilde Pflanzen und Tiere, die den Boden erst in einen kultivierbaren Zustand versetzt haben, auch für seine Erhaltung wichtig sein könnten. Es wurde zum Beispiel erst kürzlich entdeckt, daß gute Tabakernten – aus unbekanntem Grund – von der Vorbereitung des Bodens durch die wilde Beifuß-Ambrosie abhängen. Es kommt uns nicht in den Sinn, daß solche unerwarteten Abhängigkeitsketten in der Natur weit verbreitet sein können.

Wenn Präriehunde, Erdhörnchen oder Mäuse sich zu einer Landplage entwickeln, vergiften wir sie, aber wir schauen nicht über das Tier hinaus, um die Ursache für diese Massenvermehrung zu finden. Wir nehmen an, daß Probleme mit Tieren ihre Ursachen im Tier haben müssen. Jüngste wissenschaftliche Erkenntnisse deuten auf Veränderungen in der Pflanzengemeinschaft als eigentliche Ursache für eine explosionsartige Vermehrung der Nager hin, aber es werden nur wenige Untersuchungen zu diesem Sachverhalt angestellt.

Viele Forstpflanzungen produzieren nur noch die Hälfte ihrer normalen Nutzholzmengen. Warum? Aufgeklärte Forstleute wissen, daß die Ursache wahrscheinlich nicht bei den Bäumen, sondern in der Mikroflora des Bodens zu finden ist und daß es viele Jahre länger dauern kann, die Bodenflora wieder zu regenerieren, als es dauerte, sie zu zerstören.

Viele Schutzmaßnahmen sind offensichtlich oberflächlich. Wasserdämme haben nichts mit der Ursache für Überschwemmungen zu tun. Erdwälle und Terrassen bekämpfen die Ursachen der Erosion nicht. Wildschutzgebiete und Fischbrutanstalten, die den Nachschub an Wild und Fisch aufrechterhalten sollen, erklären nicht, warum der Nachschub sich nicht von selbst einstellt.

Allgemein deuten die Erkenntnisse darauf hin, daß beim Land, genau wie im menschlichen Körper, die Symptome in einem Organ liegen können und die Ursache in einem anderen. Die Maßnahmen, die wir heute Naturschutz nennen, sind großenteils örtliche Linderungen der Schmerzen in der Biosphäre. Sie sind durchaus notwendig, dürfen aber nicht mit Heilmaßnahmen verwechselt werden. Die Kunst der Landbehandlung wird energisch praktiziert, aber die Wissenschaft der Landgesundheit muß erst noch geboren werden.

Eine Wissenschaft der Land-Gesundheit benötigt zunächst das Wissen darüber, was überhaupt normal ist – also ein Bild davon, wie gesundes Land sich als Organismus erhält.

Zwei Normen sind uns zugänglich. Eine findet man dort, wo die Land-Psychologie trotz jahrhundertelanger menschlicher Eingriffe weitgehend normal geblieben ist. Mir ist nur ein derartiger Platz bekannt: Nordosteuropa. Sicher werden wir es nicht versäumen, dieses Land zu untersuchen.

Die andere und vollendetste Form ist die Wildnis. Die Paläontolo-

gie bietet reichlich Beweise dafür, daß sich Wildnis über unermeß-
lich lange Zeiträume selbst erhalten hat; daß die in ihr lebenden
Arten kaum je verlorengegangen sind oder überhandgenommen
haben; daß Wetter und Wasser den Boden ebenso schnell oder sogar
schneller aufgebaut als weggeschwemmt haben. So gewinnt Wildnis
unerwartet eine Bedeutung als Laboratorium zur Untersuchung der
Gesundheit des Landes.

Man kann die Physiologie von Montana nicht am Amazonas untersuchen; jedes Biotop braucht seine eigene Wildnis für vergleichende
Studien an genutztem und ungenutztem Land. Natürlich ist es zu
spät, um noch mehr als ein einseitiges System von Wildnis für
Studienzwecke retten zu wollen, und die meisten dieser Überreste
sind viel zu klein, als daß sie ihre Normalität in jeder Hinsicht
bewahren könnten. Selbst die Nationalparks, die bis zu einer Million
Morgen groß sind, waren nie groß genug, um ihren natürlichen
Bestand an Raubwild zu halten oder von Haustieren übertragene
Krankheiten abzuwehren. So hat Yellowstone seine Wölfe und Pumas
verloren, und als Folge davon ruinieren Wapitihirsche besonders auf
den Winterweidegründen die Pflanzenwelt des Parks. Gleichzeitig
schwinden Grizzlybär und Dickhornschafe, letztere aufgrund von
Krankheiten.

Während selbst die größten Wildnisgebiete teilweise aus dem
Gleichgewicht gerieten, benötigte J. E. Weaver nur ein paar Morgen
Wildnis, um herauszufinden, warum die Pflanzenwelt der Prärie
dürrebeständiger ist als die Kulturpflanzen, die sie verdrängt haben.
Weaver fand, daß es bei den Präriepflanzen eine Art unterirdisches
»Teamwork« gibt. Sie verteilen ihre Wurzelsysteme so, daß alle
Bodenschichten durchdrungen werden. Die Arten des landwirt-
schaftlichen Fruchtfolgeanbaus saugen hingegen eine Schicht aus,
berühren andere jedoch nicht, was zu sich gegenseitig steigernden
Defiziten führt. Aus Weavers Untersuchungen ergab sich ein wichti-
ges Prinzip der Ackerbaukunde.

Ebenso bedurfte es für Togrediak nur ein paar wilder Morgen, um
herauszufinden, warum Kiefern auf alten Feldern nie die Größe oder
Windbeständigkeit von solchen auf ungerodeten Waldböden erreichen. Letztere benutzen alte Wurzelkanäle und erreichen dadurch
tiefere Bereiche.

In vielen Fällen wissen wir buchstäblich nicht, was gesundes Land zu leisten imstande ist, bevor wir nicht auch ein Wildnis-Gebiet haben, das wir mit dem kranken Land vergleichen können. So werden in den meisten ersten Reiseberichten aus dem Südwesten der USA die Gebirgsbäche als ursprünglich klar beschrieben, aber es bleibt eine Ungewißheit, denn die Reisenden könnten sie zufällig zu günstigen Jahreszeiten gesehen haben. Erosionsingenieure hatten keine Ausgangswerte, bis man herausfand, daß sehr ähnliche Bäche in der Sierra Madre von Chihuahua, an denen nie Weidegebiete lagen und die aus Angst vor Indianern nie genutzt wurden, schlimmstenfalls einen milchigen Hauch zeigten, aber nicht zu trübe waren, um Forellen mit einer Fliege zu angeln. An ihren Ufern wächst bis zur Wasserlinie Moos. Die meisten vergleichbaren Gewässer in Arizona und New Mexiko sind Bänder im Felsgestein, ohne Moos, ohne Erde und fast baumlos. Der Schutz und die Erforschung der Sierra Madre-Wildnis durch eine internationale Versuchsstation wäre ein erwägenswertes, gut nachbarliches Unternehmen, um eine Richtschnur für die Heilung kranken Landes zu beiden Seiten der Grenze zu erhalten.

Alle verfügbaren Wildnisgebiete, ob groß oder klein, haben wahrscheinlich ihren Wert, um Normen für die wissenschaftliche Erforschung des Landes zu setzen. Freizeitbetrieb ist nicht ihr einziger oder gar hauptsächlicher Nutzen.

Wildnis für Wildtiere

Die Nationalparks reichen nicht aus für den Fortbestand der größeren Fleischfresser; das zeigt sich am bedenklichen Status des Grizzlybären wie an der Tatsache, daß das Parksystem bereits keine Wölfe mehr hat. Sie sind auch ungeeignet für Bergschafe, da, wie sich zeigt, die meisten Herden kleiner werden.

Die Gründe hierfür sind in einigen Fällen klar und in anderen liegen sie im dunkeln. Ganz sicher sind die Parks zu klein für eine so weit umherstreifende Art wie den Wolf. Viele Tierarten scheinen als abgetrennte Populationsinsel nicht zu gedeihen, ohne daß man weiß, warum das so ist.

Die einfachste Art, eine Vergrößerung des Gebiets für die Wildtiere zu erreichen, wäre, auf die weniger genutzten Teile der *National Forests*, die gewöhnlich die Parks umgeben, die strengeren Vorschriften der Parks in bezug auf bedrohte Arten anzuwenden. Was passiert, wenn dies nicht beherzigt wird, zeigt sich auf tragische Weise am Fall des Grizzlybären.

Als ich 1909 erstmals den Westen der USA bereiste, gab es in jedem Gebirgsstock Grizzlies, aber man konnte monatelang unterwegs sein, ohne einem Naturschutzbeamten zu begegnen. Heute steckt »hinter jedem Busch« irgendein Naturschutzbeamter, aber in Umkehrung zur Zunahme der Naturschutzbehörden zieht sich unser herrlichstes Säugetier stetig in Richtung kanadische Grenze zurück. Von den offiziell angegebenen 6000 in den USA verbliebenen Grizzlies leben 5000 in Alaska. Nur in fünf Bundesstaaten gibt es überhaupt noch welche. Es scheint eine stillschweigende Übereinkunft zu herrschen, daß es genügt, wenn Grizzlies in Kanada und Alaska überleben. Mir reicht das nicht. Die Bären Alaskas sind eine eigene Unterart. Grizzlies auf Alaska zu beschränken, ist wie Glückseligkeit auf den Himmel zu beschränken; vielleicht kommt man dort nie hin.

Um den Grizzly zu retten, bedarf es einer Reihe großer Gebiete, in denen es keine Straßen und Viehherden gibt oder wo ein von Grizzlies angerichteter Schaden am Viehbestand erstattet wird. Nur durch den Aufkauf verstreut liegender Viehfarmen könnten solche Gebiete geschaffen werden, doch trotz ihrer weitreichenden Befugnisse, Land aufzukaufen und zu tauschen, haben die Naturschutzbehörden in dieser Richtung praktisch nichts erreicht. Ich habe zwar gehört, daß der *US Forest Service* ein Grizzlyschutzgebiet in Montana eingerichtet hat, weiß aber auch von einer Bergkette in Utah, wo der *US Forest Service* die Errichtung einer Schaffarm unterstützt hat, obwohl genau dieses Gebiet die letzten Grizzlies in diesem Staat beherbergte.

Dauerlebensräume für Grizzlies und Wildnis-Gebiete auf Dauer sind nur zwei Bezeichnungen für dasselbe Problem. Begeisterung für beides erfordert weit vorausschauenden Naturschutz und eine geschichtsbewußte Einstellung. Nur von denen, die fähig sind, das großartige Schauspiel der Evolution zu sehen, kann man erwarten, daß sie das Theater der Wildnis und dessen überragendes Stück, den Grizzly, zu schätzen wissen. Wenn allerdings Bildung wirklich bildet, wird es eines Tages immer mehr Mitbürger geben, die verstehen, daß die Überreste des alten Westens dem neuen Bedeutung und Wert verleihen. Die Jugend der Zukunft wird mit Lewis und Clark den Missouri hinaufstaken oder mit James Capen Adams die Sierras erklimmen, und jede Generation wird wieder fragen: Wo ist der große Bär? Es wäre eine traurige Antwort, wenn es hieße, er ging unter, während die Naturschützer gerade nicht hinsahen.

Verteidiger der Wildnis

Wildnis ist eine Ressource, die schrumpfen, aber nicht wachsen kann. Eingriffe können aufgehalten oder begrenzt werden, so daß ein Gebiet weiter für Erholungszwecke oder für die Wissenschaft oder den Wildbestand genutzt werden kann, aber die Schaffung einer neuen Wildnis im wahren Sinne des Wortes ist unmöglich.

Daraus folgt, daß jedes Wildnis-Progamm eine Nachhutaktion ist, durch die der Rückzug auf ein Minimum reduziert wird. Die *Wilderness Society* wurde 1935 »zu dem ausschließlichen Zweck, die noch verbliebene Wildnis in Amerika zu retten« gegründet. Der *Sierra Club* arbeitet in der gleichen Richtung.

Es genügt jedoch weder, ein paar solcher Verbände zu haben, noch kann man sich damit zufriedengeben, daß der US-Kongreß ein Gesetz zum Schutz der Wildnisgebiete erlassen hat. Solange nicht in allen Naturschutzbehörden dem Wildnisgedanken wohlgesonnene Menschen vertreten sind, dürften diese Verbände vermutlich von neuen Eingriffen überhaupt nichts erfahren, bis es zu spät ist, etwas dagegen zu unternehmen. Darüber hinaus muß eine streitbare Minderheit von Wildnishütern im ganzen Land die Augen offenhalten und für Notarktionen zur Verfügung stehen.

In Europa, wo die Wildnis heute in die Karpaten und nach Sibirien zurückgedrängt ist, betrauert jeder denkende Naturschützer ihren Verlust. Selbst in Großbritannien, das weniger Raum für den Luxusartikel Land hat als fast jedes andere zivilisierte Land, gibt es eine energische, wenngleich verspätete Bewegung, einige kleine Flecken halbwilden Landes zu retten.

Die Fähigkeit, den kulturellen Wert von Wildnis zu erkennen, läuft letzten Endes auf die Frage intellektueller Bescheidenheit hinaus. Der oberflächliche moderne Mensch, der seine Verwurzelung im Land verloren hat, bildet sich ein, schon entdeckt zu haben, was wichtig ist; dazu zähle ich jene, die von politischen oder wirtschaftlichen Weltreichen schwafeln, die tausend Jahre andauern. Nur der wirklich Gebildete weiß, daß jegliche Geschichte aus aufeinanderfolgenden Streifzügen von einem einzigen Ausgangspunkt aus besteht, zu dem der Mensch immer wieder zurückkehrt, um mit der nächsten Suche nach dauerhaften Werte-Maßstäben zu beginnen. Nur der wirklich Gebildete versteht, warum eine unversehrte Wildnis dem Unternehmen Menschheit erst Bestimmung und Bedeutung verleiht.

Als der göttergleiche Odysseus aus den Trojanischen Kriegen zurückkehrte, hängte er an einem Strick ein Dutzend Sklavinnen seines Haushaltes auf, die er eines ungebührlichen Betragens während seiner Abwesenheit verdächtigte.

Dieses Hängen war keine Frage der Angemessenheit. Die Mädchen waren Besitz. Das Verfügen über Besitz war damals, wie heute, eine Frage der Zweckdienlichkeit, nicht von Recht oder Unrecht.

Die Begriffe Recht und Unrecht waren sehr wohl im Griechenland des Odysseus bekannt: Das bezeugt die Treue seiner Frau während der langen Jahre seiner Abwesenheit, bis endlich die schwarzen Schiffsschnäbel seiner Galeeren die weindunklen Wogen des Meeres durchschnitten. Die ethischen Grundsätze dieser Zeit schlossen zwar die Ehefrauen ein, aber Leibeigene noch nicht. Während der dreitausend Jahre, die seither vergangen sind, wurden ethische Kriterien auf viele Verhaltensweisen ausgedehnt. In all jenen Bereichen, die nur nach ihrer Zweckmäßigkeit beurteilt wurden, kam es dabei freilich zu entsprechenden Rückschritten.

Die ethische Folgerichtigkeit

Diese Ausweitung ethischer Werte auf andere Bereiche, die bisher nur von Philosophen untersucht wurde, ist in Wirklichkeit ein Prozeß in der ökologischen Evolution. Ihre Folgerichtigkeit kann sowohl mit ökologischen als auch mit philosophischen Begriffen beschrieben werden. Aus ökologischer Sicht ist Ethik eine Beschränkung von Handlungsfreiheit im Kampf ums Überleben. Philosophisch gesehen ist Ethik eine Unterscheidung zwischen sozialem und asozialem Verhalten. Das sind zwei Definitionen für ein und dieselbe Sache. Die Sache hat ihren Ursprung in dem Bemühen voneinander abhängiger Einzelwesen oder Gruppen, Formen der Zusammenarbeit zu entwickeln. Die Ökologen nennen dies Symbiosen. Politik und Wirtschaft sind fortgeschrittene Symbiosen, in denen das ursprüngliche allgemeine Jeder-gegen-Jeden zum Teil ersetzt wurde durch Kooperation mit einem ethischen Gehalt.

Die Komplexität der Kooperation hat mit der Bevölkerungsdichte und der Leistungsfähigkeit der Werkzeuge zugenommen. So war es beispielsweise einfacher, für bestimmte Situationen zu Zeiten des Mastodons den Einsatz von Stöcken und Steinen als asozial zu bezeichnen, als den von Munition und Reklametafeln im Zeitalter der Motorisierung.

Die Anfänge der Ethik hatten mit der Beziehung zwischen Einzelwesen zu tun; dafür sind die Zehn Gebote ein Beispiel. Spätere Hinzufügungen hatten mit der Beziehung der Einzelwesen zu der Gesellschaft zu tun. Das »Wie du mir – so ich dir« versucht das Einzelwesen in die Gesellschaft einzugliedern; die Demokratie vesucht durch die gesellschaftliche Ordnung das Einzelwesen zu vervollkommnen.

Bis heute gibt es noch keine Ethik, die sich mit der Beziehung des Menschen zu seiner Umwelt und zu den Tieren und Pflanzen, die darin leben, auseinandersetzt. Land gilt noch immer, wie weiland die Sklavinnen des Odysseus, als Besitz. Die Beziehung zum Land ist eine rein ökonomische, und es wird mit Vorrechten, aber ohne Verpflichtungen vererbt.

Die Erweiterung der Ethik auf dieses dritte Element im Umfeld des Menschen ist, wenn ich das recht sehe, eine entwicklungsgeschichtliche Möglichkeit und eine ökologische Notwendigkeit. Es ist der dritte Schritt in einer Folge. Die ersten beiden sind bereits getan. Dabei haben Denker seit den Tagen Hesekiels und Jesaias geltend gemacht, daß Raubbau am Land nicht nur unvorteilhaft, sondern unrecht ist. In der Allgemeinheit hat sich jedoch diese Überzeugung noch nicht durchgesetzt. Ich betrachte die derzeitige Naturschutzbewegung als den Keim einer solchen Bestätigung.

Diese Ethik kann als Leitfaden zur Handhabung ökologischer Situationen angesehen werden, die so neu oder so schwierig sind oder derart aufwendige Maßnahmen erfordern, daß der Weg gesellschaftlicher Zweckdienlichkeit für den Durchschnittsmenschen nicht erkennbar ist. Tiere lassen sich von ihren Instinkten leiten, um mit solchen Situationen fertig zu werden. Vielleicht ist Ethik eine Art entstehenden menschlichen Gemeinschaftsinstinktes.

Der Begriff des Gemeinwesens

Jegliche bisher entstandene Ethik basiert auf einer einzigen Voraussetzung: daß das Einzelwesen Mitglied einer Gesellschaft voneinander abhängiger Teile ist. Seine Instinkte veranlassen es, um seinen Platz in dieser Gesellschaft zu kämpfen, aber seine Ethik veranlaßt es gleichzeitig zur Zusammenarbeit (vielleicht, damit es einen Platz gibt, um den zu kämpfen sich lohnt).

Die Land-Ethik erweitert lediglich die Grenzen des Gemeinwesens und schließt Böden, Gewässer, Pflanzen und Tiere, also – zusammengefaßt – das Land, ein.

Das klingt einfach: Singen wir nicht bereits in unserer Nationalhymne von unserer Liebe und Verpflichtung zum »land of the free and the home of the brave« – dem Land der Freien und der Heimat der Tapferen? Ja, aber was oder wen lieben wir da eigentlich? Gewiß nicht den Boden, den wir kopflos den Bach hinunterspülen. Gewiß nicht die Gewässer, von denen wir meinen, daß sie keine andere Funktion haben als Turbinen anzutreiben, Kähne zu tragen und Unrat wegzuschaffen. Gewiß nicht die Pflanzen, von denen wir ganze Gesellschaften, ohne mit der Wimper zu zucken, ausrotten. Gewiß nicht die Tiere, von denen wir bereits viele der schönsten und größten Arten ausgemerzt haben. Eine Land-Ethik kann natürlich die Veränderungen, Bewirtschaftung und Nutzung dieser Naturreichtümer nicht verhindern, aber sie bekräftigt in der Tat deren Recht auf Fortbestehen, und zwar, wenigstens an einigen Stellen, im natürlichen Zustand.

Eine Land-Ethik wandelt die Rolle des *Homo sapiens* vom Eroberer der Landgemeinschaft zu einem einfachen Mitglied und Bürger in ihr. Das verlangt seine Achtung vor dem Mitmenschen und auch Achtung vor der Gemeinschaft als solcher.

151

Wer seine
eigene gute Eiche
gefällt, zerhackt,
heimgebracht,
aufgeschichtet und dabei
nur ein bißchen
nachgedacht hat, wird
sich gut daran
erinnern, woher
die Wärme kommt . . .

Robert Bateman 1987©

Im Verlauf der menschlichen Geschichte haben wir (hoffentlich) gelernt, daß die Rolle des Eroberers selbstzerstörerisch ist. Warum? Weil für eine solche Rolle vorausgesetzt wird, daß der Eroberer *ex cathedra* weiß, wodurch das Gemeinwesen funktioniert, was und wer von Bedeutung ist und was und wer im Leben des Gemeinwesens wertlos ist. Es stellt sich stets heraus, daß er weder das eine noch das andere weiß, und deshalb sind seine Eroberungen letztendlich selbstzerstörerisch.

In der biotischen Gemeinschaft besteht eine entsprechende Situation. Abraham wußte genau, wofür das Land gut war: es war da, um Milch und Honig in seinem Mund fließen zu lassen. Derzeit steht die Gewißheit, mit der wir diese Annahme einschätzen, in umgekehrtem Verhältnis zu unserem Bildungsgrad.

Der Durchschnittsbürger von heute setzt voraus, daß die Wissenschaft weiß, wie das Gemeinwesen funktioniert; der Wissenschaftler ist ebenso überzeugt davon, daß er es nicht weiß. Er weiß, daß der biotische Mechanismus so kompliziert ist, daß sein Funktionieren vielleicht niemals ganz zu verstehen sein wird.

Daß der Mensch in Wirklichkeit nur ein Teil eines biotischen ganzen Teams ist, zeigt sich an einer ökologischen Interpretation der Geschichte. Viele historische Ereignisse, die bis heute lediglich als Ergebnis menschlichen Unternehmungsgeistes erklärt werden, waren in Wirklichkeit biotische Wechselwirkungen zwischen Mensch und Land. Die Eigenschaften des Landes bestimmten die Tatsachen genau so stark wie die Eigenschaften der Menschen, die auf ihm lebten.

Betrachten wir beispielsweise die Besiedlung des Mississippitales. In den Jahren nach der Revolution wetteiferten drei Gruppen um die Vorherrschaft: der eingeborene Indianer, die französischen und englischen Händler und die amerikanischen Siedler. Die Historiker fragen sich, was wohl geschehen wäre, wenn die Engländer in Detroit mehr Gewicht auf die Indianerseite der empfindsamen Waage gelegt hätten, die letztlich den Ausgang der kolonialen Wanderung in die Schilfregionen von Kentucky entschied. Es ist nun an der Zeit, die Tatsache zu bedenken, daß die Schilfregionen erst zu saftigem *Bluegrass* werden konnten, nachdem sie dem speziellen Kräftegemisch ausgesetzt waren, das sich aus Rindern, Pflug, Feuer und Axt der

Pioniere zusammensetzte. Was wäre geschehen, wenn uns unter dem Druck dieser Kräfte die natürliche Pflanzenfolge dieses dunklen und blutigen Bodens wertlose Seggen, Sträucher oder Unkräuter beschert hätte? Würden Boone und Kenton durchgehalten haben? Wäre es zu einem Überschwappen nach Ohio, Indiana, Illinois und Missouri gekommen? Zum Kauf von Louisiana? Zu einer transkontinentalen Union neuer Staaten? Zu einem Bürgerkrieg?

Kentucky war ein Akt im Schauspiel der Geschichte. Uns wird immer erzählt, was die menschlichen Schauspieler in diesem Theaterstück zu tun versuchten, aber man sagt uns selten, daß ihr Erfolg oder Mißerfolg zum großen Teil von der Wirkung der auf das Land gerichteten Kräfte abhing. Im Fall von Kentucky wissen wir nicht einmal, woher das Bluegrass kam – ob es eine heimische Art war oder ein blinder Passagier aus Europa.

Vergleichen wir die Schilfgebiete rückblickend mit dem, was wir über den Südwesten wissen, wo die ersten Siedler ebenso tapfer, einfallsreich und beharrlich waren. Hier setzte sich kein Bluegrass oder anderer Bewuchs durch, der geeignet gewesen wäre, den Belastungen einer starken Nutzung standzuhalten. Als diese Gegend von Vieh beweidet wurde, verfiel sie mit immer minderwertiger werdenden Gräsern, Sträuchern und Unkräutern in ein labiles Gleichgewicht. Jeder weitere Rückgang der Pflanzenarten führte zu mehr Erosion; jede Zunahme der Erosion führte zu einem weiteren Rückgang der Pflanzenarten. Das heutige Ergebnis ist eine fortschreitende und wechselwirkende Verschlechterung nicht nur von Pflanzen und Böden, sondern auch von Tiergesellschaften, die darauf leben. Das hatten die ersten Siedler nicht erwartet; einige legten auf den Hochebenen New Mexikos sogar Bewässerungsgräben an, wodurch sie den Verfall noch beschleunigten. Diese Entwicklung ging so leise vor sich, daß nur wenige Einwohner der Gegend sie bemerkten. Auch Touristen sehen das nicht. Für sie ist diese zerstörte Landschaft farbig und entzückend (was sie auch ist, aber sie hat keine Ähnlichkeit mehr mit dem, was sie noch 1848 war).

Dieselbe Landschaft war bereits vorher einmal »entwickelt« worden, mit ganz anderen Ergebnissen. Vor Kolumbus hatten die Pueblo-Indianer schon den Südwesten besiedelt. Sie besaßen kein Weidevieh. Ihre Zivilisation erlosch, aber nicht, weil ihr Land unterging.

In Indien wurden Gebiete, die keine bodenbildenden Gräser trugen, offensichtlich ohne das Land zu zerstören besiedelt, indem man
auf den einfachen Ausweg verfiel, das Gras zum Rind zu bringen
anstatt umgekehrt. (War das das Ergebnis tiefer Weisheit oder nur
Glück? Ich weiß es nicht.)

Kurz gesagt, die Pflanzenfolge steuerte den Lauf der Geschichte;
der erste Siedler brachte nur zutage, welche Pflanzenfolgen zum
Guten oder Schlechten dem Land innewohnten. Wird Geschichte in
diesem Geiste gelehrt? Das wird kommen, wenn erst die Vorstellung
von Land als Gemeinwesen unser intellektuelles Leben durchdrungen hat.

Das ökologische Gewissen

Naturschutz ist ein Zustand der Harmonie zwischen Mensch und
Land. Trotz fast eines Jahrhunderts seiner Propagierung kommt
der Naturschutz nur im Schneckentempo voran; der Fortschritt
besteht größtenteils noch in Frömmigkeit auf dem Papier und Bered-
samkeit auf Versammlungen. Allein was die Möglichkeiten auf dem
ungenutzten Land der »Back Forties« angeht, rutschen wir für jeden
Schritt vorwärts noch immer zwei zurück.

Die übliche Antwort auf dieses Dilemma heißt mehr Aufklärung
über Naturschutz. Keiner wird dagegen sein, aber ist es sicher, daß
nur das *Ausmaß* der Aufklärung vergrößert werden muß? Fehlt nicht
vielleicht auch einiges an *Gehalt*?

Es ist schwierig, in Kurzform eine klare Zusammenfassung des
bisherigen Gehalts zu geben, aber wie ich es sehe, ist es im wesentlichen folgende: Gehorche dem Gesetz, wähle richtig, tritt einigen
Organisationen bei und praktiziere Naturschutz, auf deinem eigenen
Land; die Regierung wird das übrige tun.

Ist dieses Rezept nicht zu einfach, um etwas Lohnendes zu erreichen? Es sagt nichts über richtig oder falsch, weist keine Verpflichtungen zu, verlangt keine Opfer, beinhaltet keine Änderung der
derzeitigen Wertvorstellungen. In bezug auf die Bodennutzung

fördert es lediglich aufgeklärten Einsatz. Wie weit wird uns eine solche Aufklärung bringen? Ein Beispiel gibt vielleicht eine Teilantwort.

1930 war allen, außer den ökologisch Blinden, klar, daß die Bodenkrume von Südwest-Wisconsin seewärts abrutschte. 1933 wurde den Farmern gesagt, wenn sie bereit wären, fünf Jahre lang bestimmte Verbesserungsmethoden anzuwenden, würde der Staat die dafür benötigten Arbeiter mitsamt den Maschinen und Materialien zur Verfügung stellen. Das Angebot wurde bereitwillig angenommen. Aber die heilenden Methoden wurden geflissentlich vergessen, als die fünfjährige Vertragsperiode abgelaufen war. Die Farmer behielten nur solche Methoden bei, die ihnen einen unmittelbaren und sichtbaren Vorteil brachten.

Das führte zu der Idee, daß die Farmer vielleicht schneller lernen würden, wenn sie selbst die Regeln aufstellen könnten. Dementsprechend verabschiedete die gesetzgebende Versammlung von Wisconsin 1937 das Bezirks-Bodenschutzgesetz, das lautet: Wir, der Staat, bieten euch kostenlos technische Dienste an und stellen Spezialmaschinen zur Verfügung, wenn ihr eure eigenen Richtlinien für die Landnutzung schriftlich niederlegt. Jeder Bezirk kann seine eigenen Richtlinien ausarbeiten, und diese werden Gesetzeskraft haben. Fast alle Landbezirke beschlossen, die gebotene Hilfe anzunehmen, aber zehn Jahre nach Inkrafttreten hat noch keiner auch nur eine Richtlinie niedergeschrieben. Es gab sichtbare Fortschritte bei Methoden wie der Dreifelderwirtschaft, der Weidelanderneuerung und der Bodendüngung mit Kalk, aber keine beim Einzäunen von Waldland zum Schutz vor Beweidung und keine, die Pflug und Rind von steilen Abhängen fernhielt. Die Farmer wählten also nur Verbesserungsmethoden aus, die ohnehin gewinnträchtig waren, und ließen diejenigen weg, die dem Gemeinwohl gedient, aber ihnen nicht sofort sichtbar selbst genutzt hätten.

Auf Fragen, warum die Richtlinien nicht niedergeschrieben wurden, erhält man zur Antwort, die Gemeinde sei noch nicht bereit, hinter ihnen zu stehen; Aufklärung müsse den Richtlinien vorausgehen. Aber die tatsächlich stattfindende Aufklärung erwähnt nichts über die Verpflichtungen dem Land gegenüber außer jenen, die dem Eigennutz dienen. Das Ergebnis ist, daß wir mehr Aufklärung, aber weniger Boden, weniger gesunde Wälder und ebenso viele Überschwemmungen wie 1937 haben.

Der verwirrendste Aspekt solcher Situationen ist, daß das Vorhandensein von Verpflichtungen, die den Eigennutz einschränken, bei Vorhaben ländlicher Gemeinden, wie Straßenverbesserung, Schulen, Kirchen und Baseballmannschaften, für selbstverständlich gehalten wird. Doch wenn es darum geht, den Regen, der auf das Land fällt, wieder in bessere Bahnen zu lenken, oder wenn die Schönheit und Vielfältigkeit der landwirtschaftlichen Kulturlandschaft auf dem Spiel steht, wird eine Verpflichtung allerdings nicht für so selbstverständlich gehalten, ja, bisher nicht einmal ernsthaft diskutiert. Die Ethik der Landnutzung wird noch vollständig von wirtschaftlichem Eigennutz beherrscht, wie es ein Jahrhundert zuvor auch noch bei der Sozial-Ethik der Fall war.

Wir forderten den Farmer auf zu tun, was er bequem tun konnte, um seinen Boden zu retten, und genau das hat er getan, und nur das. Der Farmer, der einen Abhang mit einem Gefälle von 75 Prozent abholzt, seine Kühe auf die Lichtung schickt und Regen, Steine und Mutterboden im Gemeindebach verschwinden läßt, gilt noch immer (wenn er anderweitig anständig ist) als angesehenes Gemeindemitglied. Wenn er Kalk auf seine Felder ausbringt und seine Feldfrüchte auf die Grenzlinie sät, stehen ihm noch immer alle Vorteile und Zuschüsse seines Bodenschutzbezirkes zu. Der Bezirk ist ein wunderschönes Stück Sozialmaschinerie, aber er keucht auf zwei Zylindern dahin, weil wir zu zurückhaltend und zu begierig auf schnelle Erfolge waren, um dem Farmer den wahren Umfang seiner Verpflichtungen klarzumachen. Wo das Gewissen fehlt, bedeuten Verpflichtungen nichts. Die Kernfrage, der wir gegenüberstehen, ist die Ausdehnung des sozialen Gewissens vom Menschen auf das Land.

Noch nie wurde eine bedeutende Änderung der Ethik erreicht, ohne daß es eine wesentliche Veränderung unserer intellektuellen Grundlagen, unserer Loyalitäten, Neigungen und Überzeugungen gegeben hätte. Den Beweis, daß der Naturschutz diese Verhaltensgrundlagen noch nicht berührt hat, erbringt die Tatsache, daß Philosophie und Religion noch nichts davon gehört haben. Mit unserem Versuch, Naturschutz einfach zu machen, haben wir ihn trivial werden lassen.

Surrogate für eine Land-Ethik

Wenn die Logik der Geschichte nach Brot hungert und wir ihr einen Stein geben, bemühen wir uns zu erklären, wie ähnlich doch der Stein dem Brot ist. Ich beschreibe nun einige der Steine, die anstelle einer Land-Ethik angeboten werden.

Eine grundlegende Schwäche in einem Naturschutzsystem, das ganz auf ökonomischen Motiven aufbaut, besteht darin, daß es den meisten Angehörigen der Naturgemeinschaft keinen wirtschaftlichen Wert beimißt. Wildblumen und Singvögel sind Beispiele dafür. Es muß bezweifelt werden, daß von den 22 000 höheren Pflanzen und Tieren, die in Wisconsin heimisch sind, mehr als 5 Prozent verkauft, verfüttert, gegessen oder anderweitig wirtschaftlich genutzt werden können. Doch alle diese Geschöpfe gehören zur Gemeinschaft der Biosphäre, und wenn (was ich glaube) deren Ausgewogenheit von ihrer Unversehrtheit abhängt, haben sie ein Recht auf Fortbestehen.

Wenn eine dieser nicht-profitablen Arten bedroht ist und wir sie zufällig mögen, erfinden wir einen Vorwand, um ihr einen ökonomischen Wert zu verleihen. Zu Beginn dieses Jahrhunderts glaubte man, daß der Bestand an Singvögeln zurückginge. Vogelkundler versuchten ihnen zu Hilfe zu kommen und mit Beweisen, die auf deutlich wackligen Füßen standen, zu belegen, daß wir von den Insekten aufgefressen würden, wenn die Vögel sie nicht mehr unter Kontrolle hielten. Der »Beweis« mußte ökonomisch begründet sein, um anerkannt zu werden.

Es schmerzt heute, diese von weit hergeholten Argumente zu lesen. Zwar haben wir noch immer keine Land-Ethik, aber wir sind wenigstens dem Punkt nähergekommen zuzugeben, daß Vögel ein Naturrecht auf ihren Fortbestand haben, ohne Rücksicht darauf, ob sie uns einen wirtschaftlichen Nutzen bringen oder nicht.

Eine vergleichbare Situation besteht hinsichtlich der Raubsäuger und Greifvögel und Fische fressender Vögel. Es gab eine Zeit, wo Wissenschaftler die Nachweise überstrapazierten, daß diese Geschöpfe für einen gesunden Wildbestand sorgen, weil sie Schwächlinge töten, daß sie für den Farmer die Anzahl der Nager begrenzen oder nur von »wertlosen« Arten leben. Auch hier wieder mußten die

Beweise ökonomischer Natur sein, um anerkannt zu werden. Erst in den letzten Jahren hören wir das ehrlichere Argument, daß Raubtiere zur Lebensgemeinschaft gehören und daß kein Sonderinteresse uns berechtigt, sie zugunsten eines wirklichen oder eingebildeten Vorteils auszurotten. Unglücklicherweise hat sich diese aufgeklärte Ansicht noch nicht durchgesetzt. Draußen geht das Ausrotten von Raubwild fröhlich weiter: Man betrachte nur das Auslöschen des Timberwolfs durch die Erlasse des Kongresses, der Naturschutzbehörden und vieler staatlicher gesetzgebender Körperschaften.

Manche Baumarten werden von ökonomisch denkenden Forstleuten eliminiert, weil sie zu langsam wachsen oder einen zu niedrigen Verkaufswert für die Holzwirtschaft haben: Weiße Scheinzypresse, Lärche, Zypresse, Buche und Schierlingstanne sind Beispiele hierfür. In Europa, wo die Forstwirtschaft ökologisch aufgeklärter ist, werden die nicht so nutzbringenden Baumarten als zum heimischen Forst gehörig betrachtet, und das aus gutem Grund. Einige (wie Buche) haben sogar eine wichtige Funktion bei der Bildung fruchtbaren Bodens. Die gegenseitige Abhängigkeit zwischen dem Wald und den Baumarten, aus denen er sich zusammensetzt, des Unterholzes und der Tiere wird als selbstverständlich betrachtet.

Manchmal ist das Fehlen eines wirtschaftlichen Wertes nicht nur für Arten oder Gruppen, sondern für ganze Lebensräume bezeichnend: Marschen, Sümpfe, Dünen und Wüsten sind Beispiele dafür. Unser Rezept lautet in solchen Fällen, ihren Schutz der Regierung zu überlassen, die sie zu Schutzgebieten, Naturdenkmälern oder Parks erklärt. Doch die Schwierigkeit liegt darin, daß diese Landschaftsformationen normalerweise durchsetzt sind mit wertvollerem Privatgelände; die Regierung kann unmöglich alle diese verstreuten Parzellen besitzen oder überwachen. Das hat zur Folge, daß wir einige davon in großen Gebieten letztlich zum Untergang verdammen. Wäre der Privatbesitzer ökologisch eingestellt, würde er stolz sein, Hüter eines Teiles solchen Gebietes zu sein, die seiner Farm wie seiner Gemeinde Abwechslung und Schönheit bringen.

In so manchen Fällen stellte sich die Vermutung, daß diese Ödländer nutzlos seien, als falsch heraus – aber erst, als die meisten schon dahin waren. Das gegenwärtige Gezerre um die Entscheidung, Bisamrattenmarschen wieder zu überfluten, ist ein solcher Fall.

Im amerikanischen Naturschutz gibt es eine deutliche Tendenz, der Regierung alle notwendigen Aufgaben zuzuschanzen, die die privaten Landbesitzer nicht wahrnehmen. Staatliches Eigentum, staatliche Ausführungen, Subventionen oder Verordnungen herrschen heute in der Forstwirtschaft, in Weideland-, Boden- und Wasserscheidebewirtschaftung, Nationalpark- und Wildnisverwaltungen, Fischereiwirtschaft und Zugvogelschutz vor – und alles mit wachsender Tendenz. Der Großteil dieses zunehmenden Umweltschutzes von seiten der Regierung ist angebracht und sinnvoll, manches auch unumgänglich. Daß ich damit keine Mißbilligung andeuten möchte, ergibt sich schon aus der Tatsache, daß ich fast mein Leben lang für die Regierung gearbeitet habe. Dennoch erhebt sich die Frage: Wo ist die Grenze dieses Großunternehmens? Wird das mögliche Ausufern durch Steuergelder gedeckt? Wann wird der Umweltschutz der Regierung, wie einst das Mastodon, durch seine eigene Größe behindert werden? Die Antwort darauf, wenn es eine gibt, scheint mir die Land-Ethik zu sein oder eine andere normative Kraft, die dem Landbesitzer mehr Verpflichtungen zuweist.

Großgrundbesitzer und -Pächter, besonders aus der Holz- und Viehwirtschaft, neigen dazu, lange und lautstark über die zunehmende Beschränkung der Eigentumsrechte durch die Regierung zu jammern, allerdings zeigen sie (mit bemerkenswerten Ausnahmen) wenig Bereitschaft zu der einzigen sich offen anbietenden Alternative: freiwilligen Umweltschutz auf ihren eigenen Ländereien zu betreiben.

Wird der private Landbesitzer zu einem nicht gewinnbringenden Akt zum Wohle der Allgemeinheit aufgefordert, stimmt er dem heute nur mit ausgestreckter Hand zu. Kostet der Akt ihn bares Geld, ist das gut und recht. Aber wenn er lediglich Vorausdenken, Aufgeschlossenheit oder Zeit erfordert, ist die Sache zumindest anfechtbar. Die Schuld an der überwältigende Zunahme an Subventionen für die Landwirtschaft in den letzten Jahren muß in erster Linie den für Umweltschutz-Aufklärung zuständigen Regierungsbehörden und deren Institutionen zugeschrieben werden: Landwirtschaftsministerien, Landwirtschaftlichen Hochschulen und deren Außenstellen. Soweit ich entdecken kann, wird in diesen Institutionen nichts über unsere ethische Verpflichtung gegenüber dem Land gelehrt.

161

Zusammenfassend ist zu sagen: Ein Naturschutzsystem, das ausschließlich auf wirtschaftlichem Eigennutz beruht, liegt hoffnungslos schief. Es neigt dazu, all jene Bestandteile der Landgemeinschaft, die keinen Profit abwerfen, zu ignorieren und dadurch schließlich zu eliminieren, obwohl diese (soweit wir heute wissen) lebensnotwendig sind für das gesunde Funktionieren des Gesamtsystems. Ein solcher Ansatz setzt, nach meiner Meinung fälschlicherweise, voraus, daß die einträglichen Teile der biotischen Uhr auch ohne die nicht gewinnbringenden funktionieren. Ein derart unausgewogenes Naturschutzsystem führt dazu, der Regierung immer mehr Funktionen zuzuschieben, die schließlich zu umfangreich, zu komplex oder zu weitläufig für sie werden.

Die einzige und naheliegende Möglichkeit zur Beseitigung dieser Zustände besteht darin, daß sich private Grundeigentümer ihrer ethischen Verpflichtung stellen.

Die Landpyramide

Eine Ethik, die eine rein ökonomische Beziehung zu Grund und Boden ergänzen und lenken soll, setzt eine Art geistiges Bild vom Land als einem biologischen Mechanismus voraus. Ethisch empfinden können wir nur gegenüber etwas, das wir sehen, fühlen, verstehen, lieben oder dem wir wenigstens vertrauen können.

Das am häufigsten verwendete Bild bei der Aufklärung im Umweltschutz ist das vom »Gleichgewicht in der Natur«. Aus Gründen, deren Darlegung hier zu weit führen würde, kann dieser Begriff das wenige, was wir über die Mechanismen des Landes wissen nicht, nicht ausreichend beschreiben. Viel richtiger ist da ein Bild, das in der Ökologie verwendet wird: die Pyramide der Biosphäre. Ich werde zunächst die Pyramide als ein Symbol für Grund und Boden darstellen und später einige sich daraus ergebende Folgerungen in bezug auf die Landnutzung herausarbeiten.

Die Pflanzen absorbieren Sonnenenergie. Diese Energie durchfließt einen Kreislauf, den man Biosphäre nennt und der durch eine aus Schichten bestehende Pyramide dargestellt werden kann. Die Grundschicht ist der Boden. Auf dem Boden lagert eine Pflanzenschicht, auf den Pflanzen eine Schicht Insekten, auf den Insekten eine Schicht Vögel und Nagetiere und so weiter hinauf durch die verschiedenen Tiergruppen bis zu der obersten Schicht, die aus den größeren Fleischfressern besteht.

Die Arten einer Schicht ähneln einander nicht nach Herkunft oder Aussehen, sondern darin, wovon sie sich ernähren. Jede Schicht hängt von der darunterliegenden hinsichtlich der Nahrung und oft auch anderer Dienstleistungen ab, und jede stellt ihrerseits Nahrung und Dienstleistung für die darüberliegende dar. Nach oben hin nimmt jede weitere Schicht zahlenmäßig gewaltig ab. So hat jeder Fleischfresser eine hundertfache Beute, diese Beute hat eine tausendfache, die wiederum Millionen von Insekten hat, die unzählige Pflanzen ernähren. Die Pyramidenform des Systems spiegelt dieses zahlenmäßige Fortschreiten von der Spitze bis zur Grundlinie wider. Der Mensch teilt sich in eine Zwischenschicht mit Bären, Waschbären und Eichhörnchen, die alle sowohl Fleisch als auch Pflanzenkost essen.

Die Abhängigkeitslinien für Nahrung und andere Notwendigkeiten werden Nahrungsketten genannt. So gibt es eine Kette Boden-Eiche-Hirsch-Indianer, die sich inzwischen im wesentlichen zu Boden-Mais-Kuh-Farmer gewandelt hat. Jede Art, einschließlich die des Menschen, besteht aus einer Kette mit vielen Gliedern. Der Hirsch frißt neben der Eiche noch hundert andere Pflanzen und die Kuh hundert andere Pflanzen neben dem Mais. So sind beide also Glieder in hundert Ketten. Die Pyramide ist ein Gewirr von derart komplizierter Ketten, daß sie als ein Durcheinander erscheint, doch die Stabilität des Systems weist sie als hochorganisiertes Gefüge aus. Sein Funktionieren hängt von der Zusammenarbeit und dem Wettbewerb zwischen den verschiedenen Teilen ab.

Am Anfang war die Lebenspyramide flach und gedrungen, und die Nahrungsketten waren kurz und einfach. Die Evolution hat eine Schicht nach der anderen hinzugefügt, ein Glied nach dem anderen. Der Mensch ist eine von tausend Ergänzungen zur Höhe und Komplexität der Pyramide. Die Wissenschaft hat uns viele Zweifel gebracht, aber sie hat uns wenigstens eine Gewißheit gegeben: der

Zug der Evolution geht dahin, die Biosphäre immer vollendeter und reichhaltiger zu machen.

Land ist nicht nur Boden; es ist eine Quelle der Energie, die durch einen Kreislauf von Böden, Pflanzen und Tieren fließt. Nahrungsketten sind die lebenden Kanäle, die die Energie nach oben leiten; Tod und Verfall geben sie dem Boden zurück. Es ist kein geschlossener Kreislauf; etwas Energie geht beim Verfall verloren, etwas kommt durch Absorption aus der Luft hinzu, etwas wird im Boden, in Torf und uralten Wäldern abgelagert; aber es ist ein ununterbrochener Kreislauf, wie ein langsam zunehmender, sich immer wieder umwälzender Grundstock an Leben. Immer wieder gibt es einen realen Verlust durch Auswaschung von abschüssigem Gelände, aber der ist normalerweise gering und wird durch Verfall von Gestein ausgeglichen. Er wird in den Meeren abgelagert und im Lauf der geologischen Zeit wieder an die Oberfläche gebracht, um neues Land und neue Pyramiden zu bilden.

Geschwindigkeit und Eigenart der nach oben fließenden Energie hängen von der komplizierten Struktur der Pflanzen- und Tiergesellschaft ab, sehr ähnlich dem Aufsteigen des Saftes in einem Baum, der von dessen komplizierter Zellanordnung abhängt. Ohne diese Verflechtung würde ein normaler Kreislauf wahrscheinlich nicht stattfinden. Struktur bedeutet ebenso die charakteristische Anzahl wie die charakteristischen Sorten und Funktionen der einzelnen Arten. Diese gegenseitige Abhängigkeit zwischen der komplizierten Zusammensetzung des Landes und seinem glatten Funktionieren als Energieeinheit ist eine seiner Grundeigenschaften.

Wenn sich in einem Teil des Kreislaufs etwas ändert, müssen sich andere Teile dem anpassen. Die Veränderung muß nicht zwangsläufig den Energiefluß behindern oder umlenken; die Evolution besteht aus einer langen Reihe von selbst verursachten Veränderungen, deren schlußendliche Folge es war, daß der Fließmechanismus immer perfekter wurde und der Kreislauf sich verlängert hat. Evolutionäre Veränderungen gehen jedoch für gewöhnlich langsam und örtlich begrenzt vor sich. Erst die Erfindung von Werkzeugen hat den Menschen befähigt, Veränderungen von nie dagewesener Heftigkeit, Geschwindigkeit und Reichweite zu verursachen.

Eine Veränderung liegt in der Zusammensetzung der Pflanzen-

und Tierwelt. Die größeren Raubtiere werden von der Spitze der Pyramide abgeschnitten; zum ersten Mal in der Naturgeschichte werden Nahrungsketten kürzer statt länger. Haustierarten aus anderen Ländern ersetzen Wildarten, und Wildarten werden in andere Gegenden umgesiedelt. Bei diesem weltweiten Zusammenwerfen von Tieren und Pflanzen geraten einige Arten als Schädlinge und Krankheitsträger außer Kontrolle, andere werden ausgelöscht. Derartige Auswirkungen sind selten beabsichtigt oder vorhergesehen; sie stellen nicht vorhersagbare und oft nicht nachweisbare Wiederanpassungen innerhalb des Gefüges dar. Die Agrarwissenschaft ist häufig ein Wettrennen zwischen dem Auftreten neuer Schädlinge und der Entwicklung neuer Techniken zu deren Vernichtung.

Eine andere Veränderung betrifft den Fluß der Energie durch Pflanzen und Tiere und seine Rückführung in den Boden. Fruchtbarkeit ist die Fähigkeit des Bodens, Energie zu empfangen, zu speichern und wieder freizusetzen. Landwirtschaft kann durch Überbeanspruchung des Bodens oder durch zu radikales Ersetzen heimischer Wildarten durch Haustiere im oberen Teil der Pyramide die Leitungen durcheinanderbringen oder die Vorräte erschöpfen. Böden, deren Vorrat erschöpft ist oder die der organischen Masse beraubt sind, die ihn hält, schwemmen schneller davon, als sie sich bilden. Das ist Erosion.

Wasser ist ebenso wie der Boden ein Teil des Energiekreislaufs. Industrieanlagen können, indem sie das Wasser verschmutzen oder durch Dämme aufstauen, die für die Energiezirkulation notwendigen Tiere und Pflanzen ausschließen.

Eine weitere grundlegende Änderung bringt das Transportwesen mit sich: Die in einer Region gezogenen Pflanzen oder Tiere werden in einer anderen verbraucht und dem Boden wieder zugeführt. Das Transportwesen zapft die im Gestein und in der Luft gelagerte Energie an und verbraucht sie anderswo, und so düngen wir unseren Garten mit dem Stickstoff, den die Guanovögel aus Meeresfischen auf der anderen Seite des Äquators zusammengetragen haben. So werden die einstmals ortsgebundenen und in sich geschlossenen Kreisläufe in weltweitem Ausmaß zusammengeworfen.

Bei dem Prozeß, die Pyramide für die menschliche Besitzergreifung zu verändern, wird gespeicherte Energie freigesetzt. Das führt in der Anfangsphase oft zu einer trügerischen Fülle von Pflanzen- und Tierleben, sowohl bei den wilden als auch bei den zahmen Arten. Durch dieses Freisetzen biotischen Kapitals werden freilich die Strafen für die gewaltsamen Eingriffe verschleiert und hinausgeschoben.

Diese kurze Skizze vom Land als Energiekreislauf macht drei Grundgedanken deutlich:

1. Land ist mehr als nur Boden;

2. die heimischen Pflanzen und Tiere hielten den Energiekreislauf in Gang; ob fremde das ebenfalls vermögen, ist unklar;

3. vom Menschen verursachte Veränderungen sind von anderer Art als die entwicklungsgeschichtlichen und haben umfassendere Auswirkungen, als beabsichtigt oder vorgesehen war.

Diese Gedanken verweisen auf zwei grundlegende Sachverhalte: Kann das Land sich der neuen Ordnung anpassen? Können die erwünschten Veränderungen mit weniger gewaltsamen Eingriffen erreicht werden?

Biosphären scheinen unterschiedliche Widerstandsfähigkeit gegen gewaltsame Veränderungen zu entwickeln. In Mitteleuropa beispielsweise besteht heute eine ganz andere biosphärische Pyramide als zu Caesars Zeiten. Einige große Tiere gibt es nicht mehr; sumpfige Wälder wurden zu Weideland oder Äckern, viele neue Pflanzen und Tiere wurden eingeführt, von denen einige als Schädlinge verwilderten; die verbliebenen einheimischen Arten wurden in ihrer Ausbreitung und Vielfalt stark verändert. Den Boden aber gibt es noch, und er ist mit Hilfe importierter Nährstoffe noch fruchtbar; die Gewässer fließen normal; die neue Ordnung scheint zu funktionieren und fortzubestehen. Es gibt keine sichtbare Stockung oder Verwirrung im Kreislauf.

Demnach hat Mitteleuropa eine widerstandsfähige Biosphäre. Ihre inneren Abläufe sind zäh, elastisch und unempfindlich gegen Überbeanspruchung. Wie heftig die Veränderungen auch gewesen sein mögen, bis jetzt hat die Pyramide immer wieder einen neuen *modus vivendi* hervorgebracht, der ihre Bewohnbarkeit für Menschen und die meisten einheimischen Pflanzen und Tiere erhalten hat.

166

Japan scheint ebenfalls ein Beispiel für radikale Veränderung ohne Zerrüttung zu sein.

Die meisten anderen zivilisierten Regionen und einige, die bis jetzt noch kaum mit der Zivilisation in Berührung kamen, zeigen verschiedene Stadien der Zerrüttung, die von ersten Anzeichen bis zu fortgeschrittenem Verschleiß reichen. In Kleinasien und Nordafrika ist die Diagnose durch Klimaveränderungen verfälscht, die entweder die Ursache oder die Auswirkung des fortgeschrittenen Verschleißes sein können. In den Vereinigten Staaten ist der Grad der Zerrüttung örtlich unterschiedlich; am schlimmsten zeigt er sich im Südwesten, in den Ozark-Bergen und in Teilen des Südens, am geringsten in Neuengland und im Nordwesten. Eine bessere Landnutzung mag sie in weniger geschädigten Regionen noch aufhalten. In Teilen von Mexiko, Südamerika, Südafrika und Australien greift ein heftiger und beschleunigter Verschleiß um sich, dessen Auswirkungen ich aber nicht abschätzen kann.

Diese weltweit sichtbare Landzerrüttung scheint der Krankheit bei einem Tier zu ähneln, nur gipfelt sie nie in völliger Auflösung oder Tod. Das Land erholt sich, allerdings auf einem niedrigeren Niveau der Komplexität, mit einer verminderten Kapazität für Menschen, Pflanzen und Tiere. Viele Biosphären, die gegenwärtig noch als »Länder mit Zukunft« angesehen werden, sind in Wirklichkeit bereits von einer ausbeutenden Landwirtschaft abhängig – sie haben also ihre gegebenen Kapazitäten bereits überschritten. Der größte Teil Südamerikas ist in diesem Sinne überbevölkert.

In unfruchtbaren Regionen versuchen wir den Verfallsprozeß durch Urbarmachung auszugleichen, aber es ist nur allzu bekannt, daß die voraussichtliche Lebensdauer von Rodungsprojekten oftmals nur kurz ist. In unserem eigenen Westen dürften die besten nicht einmal hundert Jahre vorhalten.

Zusammengenommen scheinen die Beweise in Geschichte und Ökologie eine allgemeingültige Schlußfolgerung zuzulassen: Je weniger gewaltsam die von Menschenhand vorgenommenen Veränderungen sind, desto größer ist die Wahrscheinlichkeit einer erfolgreichen Wiederherstellung der Normalität innerhalb der Pyramide. Die Gewaltsamkeit wiederum ändert sich mit der menschlichen Bevölkerungsdichte; eine große Bevölkerungsdichte erfordert eine

**Die Land-Ethik
erweitert die Grenzen
des Gemeinwesens und
schließt Böden, Gewässer,
Pflanzen und Tiere,
also – zusammengefaßt –
das Land ein.**

gewaltsamere Umwandlung. In dieser Hinsicht hat Nordamerika bessere Aussichten auf ein dauerhaftes Fortbestehen als Europa, wenn es in der Lage ist, seine Bevölkerungsdichte in Grenzen zu halten.

Diese Schlußfolgerung steht im Gegensatz zu unserer gegenwärtigen Weltanschauung, die davon ausgeht, daß – da eine leichte Zunahme der Bevölkerungsdichte das menschliche Leben bereichert hat – eine unbegrenzte Zunahme es in unbegrenztem Maß bereichern muß. Die Ökologie kennt kein Gesetz der Dichte, das unbegrenzten Zuwachs zuließe. Jeglicher Gewinn aus einer Bevölkerungsverdichtung unterliegt dem Gesetz sinkender Erträge.

Wie auch immer die Gleichung für Mensch und Land aussehen mag, es ist unwahrscheinlich, daß wir bereits alle ihre Bedingungen kennen. Kürzliche Entdeckungen über die Rolle von Mineralien und Vitaminen in der Ernährung zeigen unerwartete Zusammenhänge im aufwärts führenden Kreislauf auf: Unvorstellbar winzige Mengen bestimmter Substanzen machen den Wert von Böden für Pflanzen und von Pflanzen für Tiere aus. Wie aber steht es mit dem abwärts führenden Kreislauf? Was ist mit den dahinschwindenden Tierarten, deren Erhaltung wir heute als ästhetischen Luxus ansehen? Sie trugen zum Aufbau des Bodens bei; auf welche unerwartete Weise mögen sie für seine Erhaltung wichtig sein? Professor Weaver schlägt vor, daß man Präriepflanzen nutzt, um die schwindenden Böden der »dust bowl« wieder auszuflocken; wer weiß, wofür Kranich und Kondor, Otter und Grizzlies eines Tages noch gut sein werden?

Bodengesundheit und die A-B-Spaltung

So spiegelt also eine Land-Ethik das Vorhandensein eines ökologischen Gewissens wider, und das wiederum spiegelt die ganz eindeutige Verantwortlichkeit des einzelnen für die Gesundheit des Landes wider. Gesundheit ist das Vermögen des Landes, sich zu erneuern. Naturschutz ist unser Bemühen, dieses Vermögen zu verstehen und zu erhalten.

Naturschützer sind berüchtigt für ihre Uneinigkeit. Oberflächlich betrachtet scheint dies auf ein reines Durcheinander hinauszulaufen, aber eine sorgfältigere Prüfung fördert eine einzige Ebene der Spaltung zutage, wie man sie in vielen Spezialgebieten findet. Auf jedem Gebiet betrachtet eine Gruppe (A) das Land als Boden und seine Funktionen als die Produktion von Gebrauchsgütern; eine andere Gruppe (B) betrachtet das Land als Biosphäre und sieht seine Funktionen etwas weiter. Um wie vieles weiter, ist zugegebenermaßen zweifelhaft und wirr.

In meinem eigenen Fachgebiet, der Forstwirtschaft, ist Gruppe A damit zufrieden, Bäume wie Kohlköpfe zu ziehen, um die Zellulose als wesentliches Gebrauchsgut des Waldes zu erhalten. Sie hat keine Hemmungen gegenüber gewaltsamen Eingriffen; ihre Ideologie ist agronomisch. Andererseits sieht Gruppe B in der Forstwirtschaft ganz grundsätzliche Unterschiede zum Ackerbau, da sie mit natürlichen Arten umgeht und eine natürliche Umgebung betreut, statt eine künstliche zu schaffen. Die Gruppe B bevorzugt aus Prinzip eine natürliche Vermehrung. Sie sorgt sich aus biosphärischen wie auch aus wirtschaftlichen Gründen um das Verschwinden der Kastanie und den drohenden Verlust der Weymouthskiefer. Sie sorgt sich um eine ganze Reihe zweitrangiger Funktionen des Waldes: Wild, Erholung, Wasserscheiden, Wildnisgebiete. Mir scheint, die Gruppe B spürt die Regung eines ökologischen Gewissens.

Bezüglich des Wildes besteht eine entsprechende Spaltung. Gruppe A ist vorrangig an Jagd und Fleisch interessiert; die Meßlatte sind die Ziffern der Ausbeute an Fasanen und Forellen. Künstliche Aufzucht ist als ständiges oder auch vorübergehendes Hilfsmittel willkommen – wenn die Kosten es erlauben. Gruppe B auf der anderen Seite sorgt sich um eine ganze Reihe biosphärischer Nebenwirkungen. Wie hoch sind die Verluste an Raubwild bei der Produktion von Wildfleisch? Sind exotische Tierarten der Ausweg? Wie können die Veranwortlichen die Erholung des Bestandes von weniger werdenden Arten wie dem Präriehuhn herbeiführen, das schon heute auf keinen Fall mehr als jagdbares Wild angesehen werden kann? Wie können die Verantwortlichen bedrohte Raritäten wie Trompeterschwan und Schreikranich zurückbringen? Können diese Prinzipien der Verantwortlichen auf Wildblumen ausgedehnt werden? Auch hier wird mir wieder klar, daß wir die gleiche A-B-Spaltung haben wie in der Forstwirtschaft.

Auf dem größeren Gebiet der Landwirtschaft kann ich weniger mitreden, aber es scheint da ähnliche Spaltungen zu geben. Die Agrarwissenschaft war bereits hochentwickelt, bevor die Ökologie als Wissenschaft auf den Plan trat. Daher ist es auch ganz folgerichtig, wenn ökologische Ideen nur langsam einsickern. Weiterhin ist der Farmer allein schon durch seine Techniken und Methoden gezwungen, die Umwelt radikaler als der Forstwirt oder der Wildtier-Manager zu verändern. Dennoch gibt es viel Unzufriedenheit in der Landwirtschaft, die auf eine neue Vorstellung von »biologischem Anbau« hinzudeuten scheint.

Der wichtigste Ansatz dazu ist vielleicht die neue Erkenntnis, daß das Bemessen nach Pfunden und Tonnen kein Maßstab für den Nährwert landwirtschaftlicher Produkte ist; die Erzeugnisse aus fruchtbarem Boden können diesen sowohl qualitativ als auch quantitativ überlegen sein. Wir können die Mengenproduktion erschöpfter Böden durch das Aufbringen von importiertem Dünger verbessern, aber wir verbessern damit nicht unbedingt auch den Nährwert. Die letzten Endes möglichen Auswirkungen dieser Tatsachen sind so ungeheuerlich, daß ich ihre Darlegung berufeneren Autoren überlassen möchte.

Die Unzufriedenen, die sich dem »organischen Anbau« zuwenden, der etwas von einer Kultbewegung an sich hat, sind dennoch mit ihrer Wertschätzung von Bodenflora und -fauna auf dem richtigen biosphärischen Weg.

Die ökologischen Grundlagen der Landwirtschaft sind der Öffentlichkeit ebenso wenig bekannt wie die anderer Gebiete der Landnutzung. So ist zum Beispiel nur wenigen Gebildeten bekannt, daß die fabelhaften Fortschritte in der Technik der letzten Jahrzehnte Verbesserungen an der Pumpe und nicht am Brunnen bedeuten. Morgen für Morgen haben auch diese Pumpen es kaum geschafft, den Schwund an Fruchtbarkeit auszugleichen.

In all diesen Spaltungen sehen wir dieselben grundlegenden Widersprüche wiederholt: der Mensch als Eroberer gegenüber dem Menschen als Bürger der Biosphäre; Wissen als Schwertschleifer contra Wissen als Suchlicht in seinem Kosmos; Land als

Knecht und Diener contra Land als Gesamtorganismus. E. A. Robinsons Appell an Tristan könnte bei dieser Lage der Dinge sehr wohl an den *Homo sapiens* als Spezies in geologischer Zeit gerichtet sein:

> Ob Du willst oder nicht,
> du bist ein König, Tristan, denn du bist einer
> von den wenigen, die die Welt,
> wenn sie abtreten, verändert haben.
> Präge, was du hinterläßt.

Die Zukunftsaussichten (Ausblick)

Für mich ist es unvorstellbar, daß eine ethische Beziehung zum Land ohne Liebe, Rücksicht, Bewunderung und Hochachtung für seinen Wert bestehen kann. Mit Wert meine ich natürlich viel mehr als nur den materiellen Wert; ich verstehe darunter einen Wert im philosophischen Sinne.

Das vielleicht gravierendste Hindernis für die Herausbildung einer Land-Ethik ist die Tatsache, daß unser Bildungswesen und Wirtschaftssystem sich von einem tiefen Land-Bewußtsein weg- statt darauf zubewegt. Der moderne Mensch ist durch viele Mittelsleute und unzähliges technisches Gerät vom Land abgetrennt worden. Er hat keine wesentliche Beziehung zu ihm; für ihn füllt es den Zwischenraum zur Stadt, auf dem die Ernten wachsen. Schickt man ihn für einen Tag aufs Land und handelt es sich nicht gerade um einen Golfplatz oder eine sehr malerische Gegend, so langweilt er sich zu Tode. Könnte man Ernten in Hydrokultur heranziehen anstatt durch Ackerbau, wäre ihm das ganz recht. Synthetischen Ersatz für Holz, Leder, Wolle und andere ländliche Produkte mag er lieber als das Ursprüngliche. Kurz gesagt, das Land ist etwas, dem er »entwachsen« ist.

Ein fast ebenso ernstes Hindernis für eine Land-Ethik ist das Verhalten des Farmers, für den Land noch immer ein Gegner ist oder ein strenger Zuchtmeister, der ihn in Sklaverei hält. Theoretisch sollte die Mechanisierung der Landwirtschaft die Ketten des Farmers brechen, aber ob sie es tatsächlich tut, ist fraglich.

Eine der Voraussetzungen für ein ökologisches Verständnis des Landes ist ein Verstehen der Ökologie, und das ist keineswegs gleichbedeutend mit »Bildung«; tatsächlich scheint ein Großteil der höheren Bildung ökologische Konzepte absichtlich zu meiden. Ein Verständnis der Ökologie stammt nicht notwendigerweise aus Kursen mit ökologischen Bezeichnungen; sie können ebensogut unter Geographie, Botanik, Agronomie, Geschichte oder Volkswirtschaft laufen. Das soll auch so sein, aber welchen Namen das Kind auch immer trägt, ökologische Schulung ist selten. Der Fall Land-Ethik wäre ein hoffnungsloser, gäbe es nicht eine Minderheit, die sich deutlich im Aufstand gegen diese »modernen« Trends befindet.

Der Auslöser, der den evolutionären Prozeß einer Ethik in Gang setzen könnte, ist einfach der: Hört damit auf, die Frage einer adäquaten Bodennutzung nur als ein materielles Problem anzusehen. Betrachtet jede Frage unter dem Gesichtspunkt, was ethisch und ästhetisch richtig und auch wirtschaftlich angemessen ist. Eine Handlung ist richtig, wenn sie dazu beiträgt, die Integrität, Stabilität und Schönheit der Natur zu erhalten. Sie ist falsch, wenn sie das Gegenteil bewirkt.

Natürlich versteht sich von selbst, daß die wirtschaftliche Durchführbarkeit den Spielraum dessen, was für das Land getan werden kann oder nicht, beschränkt. Das war immer so und wird immer so bleiben. Der Trugschluß, den die Verfechter des ökonomischen Determinismus über unser aller Häupter gebracht haben und den wir nun abschütteln müssen, ist der Glaube, daß die Ökonomie *jegliche* Landnutzung bestimmt. Das ist einfach nicht wahr. Unzählige Handlungen und Einstellungen, die vielleicht den Hauptteil aller Beziehungen zum Land umfassen, werden von den Neigungen und Vorlieben des Landnutzers bestimmt und nicht so sehr von seinen Geldmitteln. Der Großteil aller Beziehungen zum Land dreht sich um den Einsatz von Zeit, Vorausdenken, Handfertigkeit und Redlichkeit und nicht um den Einsatz von Geldmitteln. Wie ein Landnutzer denkt, so ist er auch.

Ich habe die Land-Ethik absichtlich als ein Produkt gesellschaftlicher Entwicklung dargestellt, weil nichts von der Bedeutung einer Ethik einfach »verfaßt« werden kann. Nur der oberflächliche Student der Geschichte wird annehmen, daß Moses die Zehn Gebote »verfaßt« hat; sie entwickelten sich in den Köpfen einer denkenden Gemeinde, und Moses schrieb eine vorläufige »Zusammenfassung« für ein »Seminar«. Ich sage »vorläufig«, weil die Entwicklung nie aufhört.

Die Entwicklung einer Land-Ethik ist sowohl ein intellektueller als auch ein emotionaler Prozeß. Der Weg zum Umweltschutz ist mit guten Vorsätzen gepflastert, die sich als wirkungslos oder sogar gefährlich erweisen, wenn ihnen das kritische Verständnis des Landes oder seiner wirtschaftlichen Bedeutung fehlt. Ich glaube, es ist eine Binsenwahrheit, daß sich mit der Erweiterung der ethischen Grenzen vom Einzelnen auf das Gesamtwesen auch ihr intellektueller Sinngehalt erhöht.

Die Wirkungsweise ist für jede Ethik dieselbe: gesellschaftliche Anerkennung für richtiges Handeln – gesellschaftliche Mißbilligung für falsches.

Im großen und ganzen hat unser gegenwärtiges Problem mit Verhaltensweisen und Hilfsmitteln zu tun. Wir renovieren die Alhambra mit einem Schaufelbagger und sind stolz auf unseren Fortschritt. Wir werden kaum auf die Schaufel verzichten, die schließlich viele Vorzüge hat, aber wir brauchen einfühlsamere und objektivere Normen für ihren erfolgreichen Einsatz.

Habt ihr Euch einmal überlegt, warum eine dicke Kruste
korkiger Rinde den ganzen Baum bedeckt, selbst an den kleinsten Zweigen?
Dieser Kork ist ein Panzer.

Anhang

Aldo Leopold war kein ausgebildeter Ornithologe. Es gibt aber unter seinen Arbeiten bemerkenswerte Feldforschungen zu Wasservögeln und einige heute fast prophetisch anmutende Essays in vogelkundlichen Zeitschriften. Er war ein begeisterter Amateur-Ornithologe. Und er machte diese Zunft salonfähig.

Auch im akademischen Bereich wurde er aktiv: Dank seiner beharrlichen Fürsprache wurde die Vogelkunde im *Department of Wildlife Biology* an der Universität von Wisconsin zu einem wichtigen Arbeitsgebiet. Die amerikanische Wildbiologie entdeckte in der Feldornithologie eine neue wissenschaftliche Herausforderung.

Leopold sah in der Feldornithologie eine Domäne der Hobbyforscher. Tatsächlich haben in keiner anderen naturwissenschaftlichen Disziplin Amateure eine derart tragende Rolle gespielt wie in der Ornithologie. Margret Morce Nice und Charles L. Bowley, die sich um die Erforschung von Singammern bzw. Weißkopf-Seeadlern verdient gemacht haben und im Kapitel »Wildtiere in der amerikanischen Kultur« erwähnt werden, haben auch hierzulande entsprechende Fachgenossen. Um nur einige in der Entwicklung der deutschsprachigen Feldornithologie bedeutsame Namen zu nennen: Der Lehrer Dieter Blume ist ein weltweit anerkannter Spezialist für Spechte, der Oberstaatsanwalt Ludwig Schuster wurde durch seine brutbiologischen Untersuchungen berühmt, der Kaufmann Richard Heider, Verfasser der *Avifauna Sachsens,* gilt als Nestor der sächsischen Ornithologen und der Psychologe Heinrich Frieling schrieb eines der ersten deutschen Vogel-Bestimmungsbücher.

»Ethisch empfinden«, schrieb Leopold, »können wir nur gegenüber etwas, das wir sehen, fühlen, verstehen, lieben oder an das wir zumindest glauben können«. Wer auf den Spuren Leopolds nach Rebhühnern, Brachvögeln und Meisen sucht, wird sich bald mit der Vogelbestimmung allein nicht mehr zufriedengeben. Er wird anfangen, Hypothesen aufzustellen; etwa über die Frage: »Warum hat sich diese Art ausgerechnet diese Gegend als Brutgebiet ausgesucht?«. Oder aber: »Warum kommt diese Art hier nicht mehr vor?«.

Die Hobby-Ornithologie macht nicht nur die gegenwärtigen Umweltprobleme zugänglich für jeden, sondern auch die kleinen, mühsam errungenen Fortschritte des Naturschutzes. Wer, wie Leopold, Ausflüge in die Natur stets mit Fernglas und Notizbuch macht, wird positive wie negative Veränderungen am ehesten bemerken. Ein einziges auf diese Weise erlebtes Frühjahr reicht aus, um aus Ignoranten Betroffene und Begeisterte zu machen. Leopolds Plädoyer für die Umwelt-Ethik geht Hand in Hand mit einer flammenden Fürsprache für Ornithologie und Naturforschung als Hobby.

Die meisten der im *Sand County Almanac* erwähnten Vogelarten beobachtete Leopold zwischen 1936 und 1948 in der Umgebung seiner *shack* bei Baraboo, im US-Bundesstaat Wisconsin. Das Gebiet steht heute als *Aldo Leopold Memorial Reserve* unter Naturschutz, und Baraboo selbst genießt als Standort der *International Crane Foundation* unter Ornithologen eine Bedeutung von Weltrang.

Wir haben die beschriebenen Vogelarten im folgenden aufgelistet. Um die Übersetzung nicht durch die teilweise recht umständlichen – jedoch zoologisch korrekten – Artenbezeichnungen zu überlasten (Amerika-Bläßhuhn oder Virginia-Uhu), wurden gelegentlich die von Leopold benutzten populären Familien- bzw. Gattungsbezeichnungen gewählt (Bläßhuhn, Uhu). Da etliche dieser Arten auch in Europa vorkommen, wurde, wo dies sinnvoll erschien, gleich nach der Artenbezeichnung der Status in Mitteleuropa als Kürzel hinzugefügt: EU steht für Arten, die in Mitteleuropa zumindest als Unterart natürlich verbreitet sind, EA für Arten, die dort ausgesetzt bzw. eingebürgert wurden, und EI kennzeichnet all die Vögel, die gelegentlich als Irrgast in Mitteleuropa beobachtet werden.

Für ornithologisch besonders interessierte Leser ist die wissenschaftliche Bezeichnung in Klammern dazugesetzt. Kursiv ist die zoologische Familien-Zugehörigkeit gekennzeichnet. Darüber hinaus wurde durch ein ● (Zunahme), ein ○ (Abnahme) und ein † für ausgestorben die Bestandsentwicklung der jeweiligen Vogelart seit den vierziger Jahren in Wisconsin (bzw. Nordamerika) den neuesten Kenntnissen entsprechend dokumentiert. *Till Meyer*

179

Liste der in *Sand County Almanac* erwähnten Vogelarten

Abendkernbeißer (Hesperiphona vespertina) *Gimpel*   ○

Amerikanische Pfeifente (Mareca americana) *Entenvögel*   ○

Baltimoretrupial (Icterus galbula) *Stärlinge*   ○

Baumammer (Spizella arborea) *Ammern*   ○

Bekassine (Gallinago gallinago) *Schnepfe*   ○   EU

Blauflügelente (Spatula discors) *Entenvögel*   ○

Blauhäher (Cyanocitta cristata) *Rabenvögel*   ●

Brautente (Aix Sponsa) *Entenvögel*   ●   EI

Buntfalke (Tinnunculus sparverius) *Falken*   ○

Carolinakleiber (Sitta carolinensis) *Kleiber*   ●

Carolinasumpfhuhn (Porzana carolina) *Rallen*   ○

Einsiedlerdrossel (Catharus guttatus) *Sänger*   ○

Falkennachtschwalbe (Chordeiles minor) *Nachtschwalben*   ●

Fasan (Phasianus colchicus) *Hühner*   ○   EA

Feldammer (Spizella pusilla) *Ammern*   ○

Fuchsammer (Passerella iliaca) *Ammern*   ○

Goldwaldsänger (Dendroica petechia) *Waldsänger*   ○

Goldzeisig (Spinus tristis) *Hänflinge*   ○

Gürtelfischer (Streptoceryle alcyon) *Eisvögel*   ●   EI

Haarspecht (Picoides villosus) *Spechte*   ○

Habicht (Accipiter gentilis atricapillus) *Greife*   ○   EU

Hauszaunkönig (Troglodytes aedon) *Zaunkönige*   ●

Helmspecht (Hylatomus pileatus) *Spechte*   ○

Indianerbläßhuhn (Fulica americana) *Rallen*   ○

Indigofink (Passerina cyanea) *Ammentangare*   ○

Junko (Junco hyemalis) *Ammern*   ●

Kalifornischer Kondor (Gymnogyps californianus) *Neuweltgeier*   ○

Kanadagans (Branta canadensis) *Gänse*   ●   EA

Kanadakranich (Grus canadensis) *Kraniche*   ●

Kanadareiher (Ardea herodias) *Reiher*   ●

Kanadaschnepfe (Scolopax minor) *Schnepfen*   ●

Keilschwanzregenpfeifer (Charadrius vociverus) *Regenpfeifer*   ●

Kornweihe (Circus cyaneus hudsonius) *Greife*   ○   EU

Krähe (Corvus brachyrhynchos) *Rabenvögel*   ●

Kragenhuhn (Bonasa umbellus) *Hühner*   ●

Kreischeule (Megascops asio) *Eulen*   ●

Lerchenstärling (Sturnella magna) *Stärlinge*   ○

Louisianawürger (Lanius ludovicianus) *Würger*   ○

Präriehuhn (Tympanuchus cupido) *Hühner*   ○

Prärieläufer (Bartramia longicauda) *Schnepfen*   ○   EI

Rauchschwalbe (Hirundo rustica) *Schwalben*   ●   EU

Rauhfußbussard (Buteo lagopus) *Greife*   ●   EU

Rebhuhn (Perdix perdix) *Hühner*   ○   EU

Rötelgrundammer (Pipilo erythrophthalmus) *Ammern*   ○

Rotkardinal (Cardinalis cardinalis) *Ammentangare*   ●

Rotkehl-Hüttensänger (Sialia sialis) *Sänger*   ●

Rotrücken-Spottdrossel (Toxostoma rufum) *Spottdrosseln*   ○

Rotschulterstärling (Agelaius phoeniceus) *Stärlinge*   ●

Rotschwanzbussard (Buteo jamaicensis) *Greife*   ●

Rubingoldhähnchen (Corthylio calendula) *Grasmücken*   ○

Sägekauz (Aegolius acadicus) *Eulen*   ○

Sängervireo (Vireosylva gilva) *Vireos*   ○

Schreikranich (Grus americana) *Kraniche*   ●

Schwarzkopfmeise (Parus atricapillus) *Meisen*   ●

Star (Sturnus vulgaris) *Stare*   ●

Stockente (Anas platyrhynchos) *Entenvögel*   ○   EU

Streifenkauz (Strix varia) *Eulen*   ●

Trompeterschwan (Olor buccinator) *Entenvögel*   ●

Truthuhn (Meleagris gallopavo) *Hühner*   ●   EA

Tyrann (Empidonax sp.) *Tyrannen*   ○

Veilchenente (Aythya affinsis) *Entenvögel*   ○

Virginia-Uhu (Bubo virginianus) *Eulen*   ●

Virginiawachtel (Colinus virginianus) *Hühner*   ○   EA

Wanderdrossel (Merula migratoria) *Sänger*   ●   EI

Wandertaube (Ectopistes migratoria) *Tauben*   †

Weißkehlammer (Zonotrichia albicollis) *Ammern*   ●

Zitronenwaldsänger (Protonotaria citrea) *Waldsänger*   ○

Vorwort

Der Schuppen: (»the shack«) Den ursprünglichen Hühnerstall hat Aldo Leopold nach seinem Deutschland-Aufenthalt 1936 zum Wochenend- und Jagd-Häuschen umgebaut. Als solches wird »der Schuppen« bis heute von Leopolds Nachfahren genutzt. Regelmäßig finden dort auch ökologische Workshops wie *Fire Ecology* oder *Prairie Restauration* statt.

Teil I
Sand County Almanac

Februar

Babbitt: George Babbitt, Romanfigur von Sinclair Lewis. Als Synonym für Spießer in die amerikanische Sprache eingegangen.

Horicon Marsch: 7750 ha großes Feuchtgebiet in Wisconsin. Die Trockenlegung dieses Gebietes, die Leopold im *Sand County Almanac* beklagt, wurde 1941 rückgängig gemacht, und der Horicon Marsch wieder renaturiert. Heute stehen davon 5225 ha als *National Wildlife Refuge* unter Schutz und Zuständigkeit des *US Fish and Wildlife Service*. Inzwischen brüten dort jedes Jahr wieder über 200 Vogelarten. Es gilt als das größte mit Rohrkolben bestandene Süßwasser-Feuchtgebiet der USA.

Peshigo-Feuer: Der verheerendste Waldbrand in der Geschichte der USA wütete 1871 in Peshigo, Wisconsin, kostete mehr als 1500 Menschen das Leben und vernichtete 325 000 ha Wald. Die nachfolgende Welle der Betroffenheit für die bis dato relativ schutzlosen Wälder führte zur Gründung des *National Forest Service*, Aldo Leopolds erstem Arbeitgeber. Leopold selbst allerdings zollte natürlichen Waldbränden eine gewisse Daseinsberechtigung im Naturhaushalt. 1963 wurde dies auch offiziell anerkannt: Die »Verwaltungsrichtlinien für Naturgebiete in Nationalparks« legten fest, daß Waldbrandbekämpfung in bestimmten Gebieten ein ungerechtfertigter, unnatürlicher Eingriff des Menschen in die Natur darstellte. Hauptverfasser dieser später als Leopold-Report bekannt gewordenen Richtlinien war Aldo Leopolds Sohn Starker. International machte der Leopold-Report 1988 Furore, als mehr als die Hälfte des fast 900 000 ha großen Yellowstone Parks in Flammen aufging und die Ausbreitung dieses natürlichen Waldbrandes kraft dieser Richtlinien nicht nennenswert verhindert werden durfte. Ausgelöst durch das Feuer, setzte im Frühjahr 1989 kräftige Naturverjüngung ein und Yellowstone erblühte in neuer Pracht.

April

John Muir: Geologe und Schriftsteller (21.4.1838–24.12.1914). Eine der bekanntesten historischen Figuren im Naturschutz Nordamerikas.

Juni

Hund: »Gus«, ein Vorstehhund der Rasse »Deutsch Kurzhaar«, den Leopold 1938 von einem seiner Studenten geschenkt bekommen hatte.

Juli

Gute Straßen: *Good Roads Mania,* der »Straßenbau-Wahn« der Behörden, wurde ein geflügeltes Wort in den Werken Leopolds. Die Schelte galt besonders seinem eigenen Arbeitgeber, dem US-Forest Service, bei dem Leopold von 1909 bis 1925 angestellt war. Der US-Forest Service gilt z.Zt. als größtes Straßenbau-Unternehmen der Erde.

September

Candela: Ein altes, vor allem in angelsächsischen Ländern gebräuchliches Maß für Lichtstrom. 0,01 Candela entsprechen einer Lichtintensität von 0,26 Lux. Leopold führte bei vielen seiner Exkursionen einen Lichtmesser mit.

So steht die Espe
bei mir in gutem Ansehen,
weil sie den Oktober
vergoldet und im Winter
meine Kragenhühner
füttert . . .«

Dezember

Streifgebiet: Region, in der sich Individuen einer Tierart aufhalten und ihre täglichen Wanderungen unternehmen.

Weymutskiefer: Im Englischen *White Pine*. Daher Leopolds Anspielung auf WASP (White, Anglosaxon, Protestant). Leopold hat innerhalb seines Lebens (zusammen mit seiner Frau Estella und seinen Kindern) über 12 000 dieser Kiefern gepflanzt. Ein Wäldchen im *Wisconsin Arboretum,* einem ausgedehnten Landschaftspark in Madison, trägt deshalb seinen Namen: *Leopold Woods.*

Teil II
Naturschutz-Ästhetik

Back Forty: Kleinste Einheit (40 Acres = 10 ha) eines auf Thomas Jefferson zurückgehenden Parzellierungs-Systems, mit dem die Aufteilung von Grund und Boden an Siedler organisiert wurde. Heute versteht man darunter Gebiete einer Farm, auf denen sich landwirtschaftliche Produktion nicht lohnt oder die im Rahmen subventionierter Flächenstillegungen aus der Produktion herausgenommen wurden.

Wildtier-Management: Der erste Lehrstuhl für Wildlife-Mangement wurde 1933 in den USA auf Betreiben Aldo Leopolds eingerichtet. In seinem Lehrbuch *Game Management* formulierte er die Zentralthese der neuen Wissenschaft so: »Wildbestände können durch die kreative Anwendung derselben Werkzeuge wiederhergestellt werden, durch die sie früher vernichtet wurden: Axt, Pflug, Gewehr und Feuer.«

Wildnis-Gebiet: muß laut *National Wilderness Act* mindestens 2000 Hektar groß und weitgehend von Menschen unbeeinflußt sein. Besuchern ist der Zutritt meist nur zu Fuß, per Pferd oder Kanu gestattet. In USA sind ca. 15 Mio km^2 Wildnis anerkannt. Weitere 5 Mio. sollen dazukommen. Das erstes Wildnis-Gebiet, die »Gila« in Arizona, wurde 1924 auf Initiative Aldo Leopolds eingerichtet.

Daniel Boone (1734–1820): Amerikanischer Pionier, Jäger, Fallensteller und Landvermesser.

Paul Bunyan: Amerikanische Sagengestalt, riesenwüchsiger Holzfäller mit übermenschlichen Kräften.

Wildtiere in der amerikanischen Kultur

Fernglas: Leopold besaß ein 6x30-Zeiss-Fernglas, das er sich 1935 in Deutschland kaufte und seitdem bei seinen Exkursionen in die Natur fast ständig bei sich trug. Durch den *Sand County Almanac* wurden einige dieser Exkursionen weltberühmt. Als Leihgabe wurde das Fernglas nun dem optischen Museum von CARL ZEISS, Oberkochen, zur Verfügung gestellt.

Wildnis

Lewis und Clark: Meriwether Lewis, 1774–1809, und William Clark, 1770–1838, Leiter der legendären Lewis and Clark Expedition entlang des Mississipis (1804–1806) von Kansas City bis zu den Rocky Mountains.

CCC (Civilian Conservation Corps): Ein von Präsident Franklin D. Roosevelt im Rahmen des »New Deal« veranlaßtes Beschäftigungsprogramm, mit dem das Heer der Arbeitslosen in den dreißiger Jahren deutlich dezimiert werden konnte. Der CCC wurde in diversen Naturschutzprojekten eingesetzt und hatte beim Aufbau vieler Nationalparks und ihrer nicht immer begrüßenswerten Infrastruktur eine wichtige Bedeutung.

Dust Bowl: Ausgedehnte Tiefebene östlich der Rocky Montains, die sich bis an die großen Seen und den Mississippi erstreckte und als Folge von Raubbau in der Landwirtschaft in den dreißiger Jahren austrocknete und in gesteigertem Maß von Sandstürmen heimgesucht wurde.

Land als Organismus: Leopold bezieht sich hier auf *Tertium Organum,* ein Buch des russischen Philosophen Piotr Ouspensky, der 1912 die Theorie aufstellte, daß die ganze Erde als Gesamtsystem wie jeder Organismus funktioniert. Dies wurde 1982 wichtigstes Element der GAIA-Theorie des Briten James Lovelock, der nachwies, daß alle Teile der Biosphäre in jeder Lebensphase und nach ihrem Tod in ständigem Austausch miteinander stehen. Entfernt man eine einzige Art, ändert sich das Gesamtgefüge. Entfernt man zu viele Arten, bricht Chaos aus.

Wissenschaft der Landgesundheit: wird seit Anfang der achtziger Jahre im Sinne Leopolds als »Restaurations- oder Synthetische Öko-

logie« gelehrt. In diesem Forschungszweig bemüht man sich, ausge-
laugte, malträtierte Lebensgemeinschaften (z.B. Hochmoore, Prärie-
Gebiete) in einen, an der ökologischen Vergangenheit orientierten,
Orginal-Zustand zurückzuführen. Als wissenschaftlicher Leiter eines
Landschaftsparks der Universität Wisconsin (1934) und später (ab
1936) durch die genau dokumentierte ökologische Runderneuerung
seiner vom Vorbesitzer herabgewirtschafteten Farm lieferte Aldo
Leopold der neuen Wissenschaft dafür die ersten gültigen Muster-
Experimente. An der Universität von Wisconsin ist die Einrichtung
einer »Aldo Leopold-Professur« für Restaurations-Ökologie geplant.

Land Ethik

Land-Ethik: Wird als »Umwelt Ethik« *(Environmental Ethics)* an
diversen Universitäten gelehrt. An der Universität von Wisconsin
führte der Philosophie-Professor J. Baird Callicot diesen Kurs 1971
erstmals in die akademische Welt ein. Der *Sand County Almanac* gilt
als Standardwerk des neuen Studienfachs.

Der Maler Robert Bateman

Robert Bateman, 1930 in Toronto (Kanada) geboren, war seit seiner frühen Jugend ein eifriger Zeichner und Maler. Als Heranwachsender versuchte er, Natur durch verschiedene bildnerische Stilmittel zu interpretieren, bis er am Ende eines langen Weges – und unter dem starken Eindruck der Arbeiten von Andrew Wyeth – wieder zum Realismus zurückfand.

Mit seinen eindrucksvollen minutiösen Naturbildern erlangte er in den siebziger und frühen achtziger Jahren weltweit Anerkennung. So hat zum Beispiel der Generalgouverneur von Kanada das offizielle Hochzeitsgeschenk für Prince Charles bei Bateman in Auftrag gegeben. Seiner ersten Einzelausstellung 1967 in Kanada folgten viele andere, auch in den Vereinigten Staaten und Großbritannien.

Bevor er sich ausschließlich dem Malen von Bildern hingeben konnte, erwarb er einen Universitätsabschluß in Geographie. Danach unterrichtete er viele Jahre in Kanada und Afrika, unternahm weltweit Reisen und entwickelte in dem Bemühen um eine immer konkretere und differenziertere Anschauung der Natur ein Gefühl für die Verpflichtung des Menschen ihr gegenüber. Seit vielen Jahren ist er aktiver Naturschützer, hält Vorträge und stellte erhebliche Summen, die ihm aus seinen künstlerischen Arbeiten erwuchsen, für Umweltprojekte zur Verfügung. Seine Kunstbücher, darunter der auf deutsch erschienene Band »Die Kunst des Malers Robert Bateman«, sind mehr als eine halbe Million Mal verkauft worden. Dem geistigen Erbe Aldo Leopolds ist er zutiefst verbunden.

456 Seiten, geb., DM 44,–
ISBN 3-926901-29-2

»Immer wieder aber verweist Erik Zimen auf seine Hauptabsicht; den Wölfen, indem er Verständnis für sie weckt, das Überleben wenigstens in abgelegeneren Regionen Europas zu ermöglichen. Verständnis zu wecken – das ist ihm in diesem Buch gelungen«.

Franz Stamm, *mid,* Zeitschrift für Literatur und Zeitkritik, Frankfurt

»... hervorragende Wolfsliteratur des echten Wolfkenners ...«   *Die Welt*